T0209499

essentials

essentials liefern aktuelles Wissen in konzentrierter Form. Die Essenz dessen, worauf es als „State-of-the-Art" in der gegenwärtigen Fachdiskussion oder in der Praxis ankommt. *essentials* informieren schnell, unkompliziert und verständlich

- als Einführung in ein aktuelles Thema aus Ihrem Fachgebiet
- als Einstieg in ein für Sie noch unbekanntes Themenfeld
- als Einblick, um zum Thema mitreden zu können

Die Bücher in elektronischer und gedruckter Form bringen das Fachwissen von Springerautorinnen kompakt zur Darstellung. Sie sind besonders für die Nutzung als eBook auf Tablet-PCs, eBook-Readern und Smartphones geeignet. *essentials* sind Wissensbausteine aus den Wirtschafts-, Sozial- und Geisteswissenschaften, aus Technik und Naturwissenschaften sowie aus Medizin, Psychologie und Gesundheitsberufen. Von renommierten Autorinnen aller Springer- Verlagsmarken.

Markus H. Dahm · Niklas Twesten

Der Artificial Intelligence Act als neuer Maßstab für künstliche Intelligenz

Das Spannungsfeld zwischen Regulatorik und Unternehmen

 Springer Gabler

Markus H. Dahm
FOM Hochschule für Oekonomie &
Management
Hamburg, Deutschland

Niklas Twesten
Winsen (Luhe), Deutschland

ISSN 2197-6708 ISSN 2197-6716 (electronic)
essentials
ISBN 978-3-658-42131-1 ISBN 978-3-658-42132-8 (eBook)
https://doi.org/10.1007/978-3-658-42132-8

Die Deutsche Nationalbibliothek verzeichnet diese Publikation in der Deutschen Nationalbibliografie; detaillierte bibliografische Daten sind im Internet über http://dnb.d-nb.de abrufbar.

Planung/Lektorat: Angela Meffert
Springer Gabler ist ein Imprint der eingetragenen Gesellschaft Springer Fachmedien Wiesbaden GmbH und ist ein Teil von Springer Nature.
Die Anschrift der Gesellschaft ist: Abraham-Lincoln-Str. 46, 65189 Wiesbaden, Germany

Was Sie in diesem *essential* finden können

- Grundlagen zur künstlichen Intelligenz
- Grundlagen zum KI-Act der europäischen Union
- Chancen und Risiken für Unternehmen durch den KI-Act
- Handlungsempfehlungen für Unternehmen im Kontext des KI-Acts

Vorwort

Liebe Leserinnen und Leser,

in dem vorliegenden *essential* wird ein hochaktuelles Thema behandelt, das für Unternehmen in der Europäischen Union von großer Bedeutung ist: der KI-Act und seine Auswirkungen auf das Ökosystem von Unternehmen. In einer Zeit, in der künstliche Intelligenz immer stärker in den Fokus rückt, ist es unerlässlich, sich mit den regulatorischen Anforderungen auseinanderzusetzen, die mit der Einführung von KI-Systemen einhergehen.

Das Spannungsfeld zwischen regulatorischen Anforderungen und den Bedürfnissen von Unternehmen wird in diesem *essential* aus verschiedenen Blickwinkeln beleuchtet. Zu Beginn des *essentials* werden die Grundlagen zur künstlichen Intelligenz erarbeitet. Dabei wird insbesondere auf die unterschiedlichen Formen von KI-Systemen eingegangen. Hierzu zählen unter anderem Machine Learning, Deep Learning und neuronale Netze. Des Weiteren werden die Anwendungsbereiche von KI-Systemen in Unternehmen beschrieben. Dazu gehören beispielsweise die Automatisierung von Prozessen, die Optimierung von Geschäftsmodellen und die Personalisierung von Angeboten.

Im Mittelpunkt des *essentials* steht der KI-Act der Europäischen Union. Hier werden die Anforderungen, die der Verordnungsentwurf an Unternehmen stellt, genauer erläutert. Die Verordnung unterscheidet zwischen unterschiedlichen Kategorien von KI-Systemen, die jeweils unterschiedlichen Anforderungen unterliegen. Beispielsweise müssen Systeme, die als „hochriskant" eingestuft werden, spezielle Anforderungen erfüllen, um eine Zulassung zu erhalten. Zu diesen Anforderungen zählen unter anderem die Transparenz und Nachvollziehbarkeit der Entscheidungen sowie der Datenschutz und die Datensicherheit.

Besonders interessant sind die Interviews, die wir durchgeführt und ausgewertet haben. Hierdurch konnten zehn Kategorien erarbeitet werden, die

die Auswirkungen auf Unternehmen charakterisieren. Hierzu zählen beispielsweise die Auswirkungen auf die Produktentwicklung, die Personalabteilung und die Unternehmenskultur. Durch die Interviews wird deutlich, dass der KI-Act erhebliche Auswirkungen auf die Prozesse, Governance-Strukturen und Systeme von Unternehmen hat. Auch mögliche Chancen und Risiken durch den KI-Act werden betrachtet, beispielsweise die Chance der vertrauenswürdigen und nachvollziehbaren Datenverarbeitung von KI-Systemen in der Europäischen Union.

Abgerundet wird dieses *essential* durch Handlungsempfehlungen und Handlungsfelder, die Unternehmen bei der Einführung des KI-Acts berücksichtigen sollten. Diese Empfehlungen sind von großer Relevanz für Unternehmen, um frühzeitig auf die Anforderungen des KI-Acts reagieren zu können und erfolgreich in der Implementierung von KI-Systemen zu sein.

Zur besseren Lesbarkeit wird in diesem Werk das generische Maskulinum verwendet. Die in dieser Veröffentlichung verwendeten Personenbezeichnungen beziehen sich – sofern nicht anders kenntlich gemacht – auf alle Geschlechter.

Wir wünschen eine informative Lektüre.

Das Autorenteam

Inhaltsverzeichnis

Über die Autoren

Prof. Dr. Markus H. Dahm ist Organisationsent-
wicklungsexperte und Berater für Strategie, Digital Change & Transformation sowie Künstliche
Intelligenz. Ferner lehrt und forscht er an der
FOM Hochschule für Oekonomie & Management
in den Themenfeldern Digitalisierung und Künstliche Intelligenz, Business Consulting und Organi-
sationsgestaltung. Er publiziert regelmäßig zu aktuellen Management- und Leadership-Fragestellungen
in wissenschaftlichen Fachmagazinen, Blogs und
Online-Magazinen sowie der Wirtschaftspresse. Er
ist Autor und Herausgeber zahlreicher Bücher.

Niklas Twesten ist ein erfahrener Projektmanager
mit einem Hintergrund im Bereich des Wirtschaft-
singenieurwesens und der Unternehmensberatung.
Er verfügt über einen Bachelor of Science in
Wirtschaftsingenieurwesen sowie einen Master of
Science in Business Consulting & Digital Management. Darüber hinaus ist er als Qualitätsmanager
und interner Auditor für die ISO 9001 qualifiziert.
Nach Abschluss seines Bachelor-Studiums arbeitete
Niklas Twesten vier Jahre lang als Berater in einer
Management- und IT-Beratung. In dieser Funktion
beriet er Unternehmen hinsichtlich strategischer Pla-
nung, Prozessoptimierung und Digitalisierung. Er

verfügt über umfassende Kenntnisse im Bereich der
Digitalisierung und Technik und hat ein tiefes Verständnis für regulatorische Aspekte, die bei der
Implementierung von Technologien berücksichtigt
werden müssen.

„KI ist so grundlegend. Wir sind an einem Punkt angelangt ..., dass sich Möglichkeiten für einfach unglaubliche Dinge eröffnen. Und es wird von hier an nur noch besser werden. Wir alle müssen sichergehen, dass wir KI zum Wohle der Menschheit nutzen und nicht umgekehrt. – Tim Cook" (Buxmann & Schmidt, 2021, S. 3).

Mit der Aussage von Tim Cook wird verdeutlicht, welche Potenziale in dem Megatrend künstliche Intelligenz (KI) stecken. Es lässt sich ebenfalls aus dem Zitat ableiten, dass es einer Regulierung für den Einsatz von KI bedarf, damit sie zum Wohle der Menschheit eingesetzt wird.

In der aktuellen Rechtsprechung bestehen derzeit keine eindeutigen oder speziellen Gesetze beziehungsweise Rechtsrahmen für KI und deren Einsatzgebiete, vielmehr haben sich KI-Anwendungen und deren Entwickler an bestehende Gesetze, zum Beispiel Urheberrecht oder Wettbewerbsrecht, zu halten (Ballestrem et al., 2020, S. 4 ff.). Aus diesem Grund arbeitet die Europäische Union (EU) an einem Regulierungsentwurf für KI, dem sogenannten Artificial Intelligence (AI)-Act oder auch KI-Act genannt.

Deshalb setzt sich dieses Werk näher mit dem KI-Act auseinander und das Spannungsfeld zwischen der Regulatorik und Unternehmen wird betrachtet. Dabei werden unterschiedliche Auswirkungen durch den KI-Act auf Unternehmen sowie Chancen und Risiken beleuchtet. Durch dieses Werk werden neue Handlungsfelder dargestellt und unterschiedliche Empfehlungen für Unternehmen ausgesprochen. Auf den nächsten Seiten werden Sie eine kurze Einführung in die Thematik und Zielsetzung dieses *essentials* erhalten.

M. H. Dahm und N. Twesten, *Der Artificial Intelligence Act als neuer Maßstab für künstliche Intelligenz*, essentials,
https://doi.org/10.1007/978-3-658-42132-8_1

1.1 Warum das Thema so wichtig ist

KI ist als Megatrend für Unternehmen relevant, um beispielsweise die Wettbewerbsfähigkeit zu sichern und neue Wettbewerbsvorteile zu nutzen. KI gilt dabei als entscheidende Zukunftstechnologie. Aus einer Umfrage des deutschen Digitalverbands Bitkom geht hervor, dass für 62 % der befragten Unternehmen KI eine Chance bietet und jedes vierte bereits entsprechende Investitionen in KI-Anwendungen tätigt (Lorbeer, 2021, S. 26).

Im Jahr 2018 begann die Europäische Union die Arbeit an einer KI-Strategie. Damals wurde mit dem Plan „Künstliche Intelligenz in Europa" und dem „Koordinierten Plan für künstliche Intelligenz" das Vorhaben gestartet, die Digitalisierung in der EU weiterzuentwickeln, um die Konkurrenzfähigkeit im internationalen Vergleich zu gewährleisten (Kohn & Schumann, 2021). Im Jahr 2020 wurde mit dem Weißbuch zur KI ein Dokument veröffentlicht, in dem die Europäische Kommission die Zielvorstellung für KI in Europa darstellt. Grundlage der Zielvorstellung ist ein Ökosystem, geprägt von Exzellenz und Vertrauen. Diese Eigenschaften bilden ebenfalls die Grundlage für den KI-Act, der im Jahr 2021 durch die Europäische Kommission vorgeschlagen wurde (Europäische Kommission, 2021b). Der KI-Act gliedert sich in eine Reihe von Regulierungsvorhaben der EU ein, zum Beispiel den Data-Act, dem Data-Governance-Act oder den Digital-Market-Act. Sie sind Bestandteil der Digitalstrategie der Europäischen Union und führen allesamt zu Anpassungen und Einschränkungen der Unternehmen. Aus diesem Grund entstehen Spannungsfelder zwischen Regulatorik und Unternehmen, was die Relevanz und Aktualität dieses *essentials* zum KI-Act verdeutlicht.

1.2 Was wir uns gefragt haben

Mit dem KI-Act liefert die Europäische Union eine Antwort auf den Kontext, wie mit der Zukunftstechnologie KI aus regulatorischer Sicht in der EU umgegangen werden soll. Die Erfüllung der Anforderungen und Vorgaben des KI-Acts wird für Organisationen innerhalb der Europäischen Union maßgeblich sein, um zukünftig KI-Systeme einsetzen zu können. Bei Verstößen gegen die Vorgaben des KI-Acts müssen Unternehmen mit hohen Bußgeldern und Sanktionen rechnen.

Deshalb sind betroffene Unternehmen mit unterschiedlichen Herausforderungen konfrontiert. Zum einen müssen die bestehenden KI-Systeme möglicherweise durch die Anforderungen des KI-Acts angepasst werden. Zum anderen gilt es, die Anforderungen bei der Entwicklung von neuen KI-Systemen zu berücksichtigen.

Durch dieses Vorhaben entsteht das bereits angesprochene Spannungsfeld zwischen Regulatorik und Unternehmen, das im Rahmen dieses *essentials* untersucht werden soll.

1.3 Was wir erreichen wollen

Im Vordergrund steht das Spannungsfeld zwischen Regulatorik und Unternehmen, das durch den KI-Act hervorgerufen wird. Dabei sollen die Auswirkungen auf Unternehmen erarbeitet werden. Insbesondere die Einflüsse auf Prozesse, Governance-Strukturen und Systeme in einem Unternehmen sollen näher betrachtet werden. Daraus ergibt sich für dieses *essential* folgende Fragestellung:

Welche Auswirkungen hat der KI-Act auf die Dimensionen Prozesse, Governance-Strukturen und Systeme eines Unternehmens?

Mithilfe dieser Fragestellung werden die unterschiedlichen Ziele in diesem *essential* verfolgt:

- Allgemeine Auswirkungen durch den KI-Act auf Unternehmen beschreiben
- Auswirkungen auf Prozesse, Governance-Strukturen und Systeme in Unternehmen beleuchten
- Handlungsfelder mit Handlungsempfehlungen für Unternehmen identifizieren

Was Sie über KI und den KI-Act wissen müssen 2

In diesem Kapitel werden die Basics zur künstlichen Intelligenz und zum Gesetzesentwurf des KI-Acts der Europäischen Union dargestellt. Wir thematisieren zunächst die Grundlagen der KI; dies beinhaltet sowohl die historische Entwicklung von künstlicher Intelligenz als auch ein bisschen Definitorisches, Anwendungsmöglichkeiten und die aktuelle Gesetzgebung. Im zweiten Abschnitt dieses Grundlagenkapitels wird der aktuelle Gesetzesentwurf zum KI-Act der Europäischen Union erläutert. Dieser umfasst die Zielsetzung, die Risikoklassen sowie die Anforderungen an KI-Systeme und Unternehmen.

2.1 Was ist unter künstlicher Intelligenz zu verstehen?

In diesem Abschnitt werden die verschiedenen Grundlagen zur KI vermittelt. Unter künstlicher Intelligenz werden Systeme verstanden, die ihre Umgebung analysieren und daraus definierte Maßnahmen ableiten, die Züge eines intelligenten Vorgehens aufweisen. Die Entscheidungsfindung erfolgt dabei zu einem gewissen Grad autonom.Im weiteren Verlauf des Abschnitts wird ein Überblick über die historische Entwicklung und die Definitionen von künstlicher Intelligenz gegeben. Abschließend werden Anwendungsmöglichkeiten und Einsatzgebiete von KI dargestellt.

Ein kurzer Blick in die Vergangenheit der KI
Wird die historische Entwicklung von KI betrachtet, sind verschiedene Stufen zu erkennen, die nachfolgend dargestellt und beschrieben werden. Dadurch soll ein Grundverständnis für KI vermittelt werden, das als Grundlage für dieses *essential*

© Der/die Autor(en), exklusiv lizenziert an Springer Fachmedien Wiesbaden GmbH, ein Teil von Springer Nature 2023
M. H. Dahm und N. Twesten, *Der Artificial Intelligence Act als neuer Maßstab für künstliche Intelligenz*, essentials,
https://doi.org/10.1007/978-3-658-42132-8_2

Abb. 2.1 Historische Entwicklung von KI. (Quelle: In Anlehnung an Buxmann & Schmidt, 2021, S. 7)

dient. Abb. 2.1 bildet die unterschiedlichen Zeitpunkte und historischen Ereignisse rund um die Entwicklung von künstlicher Intelligenz ab.

Im Jahr 1956 beginnt mit dem „Summer Research Project on Artificial Intelligence" am Dartmouth College in Hanover (New Hampshire) eine sechswöchige Konferenz mit unterschiedlichen Teilnehmern aus den Bereichen Informatik, Psychologie und Ökonomie zum Thema künstliche Intelligenz (Buxmann & Schmidt, 2021, S. 3 ff.). Diese Konferenz wird als Grundstein für die Entwicklung von künstlicher Intelligenz angesehen. Im Anschluss an die Konferenz wurden verschiedene Fortschritte im Kontext der künstlichen Intelligenz erreicht (Wennker, 2020, S. 2). Ein Beispiel für diesen Fortschritt ist das Programm mit dem Namen ELIZA von Josepf Weizenbaum, das die Kommunikation zwischen Menschen und Computern über die Schnittstelle der natürlichen Sprache ermöglichte. ELIZA gilt als Vorstufe der heutigen Chatbots und hat damit die möglichen Potenziale von KI aufgezeigt. Basierend auf diesem Fortschritt und den neu gewonnenen Erkenntnissen kam es anschließend zu Fehleinschätzungen und Übertreibungen hinsichtlich der Möglichkeiten von KI. Die daraus resultierenden Erwartungen an die Entwicklung konnten nicht erfüllt werden, da die Rechenleistung nicht ausreichte und benötigtes Hintergrundwissen beim Algorithmus nicht vorhanden war. Aus diesem Grund wird in der Zeit von 1965 bis ca. 1975 vom sogenannten KI-Winter gesprochen, da die Investitionen in diesem Forschungsgebiet zurückgestellt wurden. (Buxmann & Schmidt, 2021, S. 5 f.).

Mit der Entwicklung von sogenannten Expertensystemen stieg die Euphorie bezüglich KI-Forschung wieder an. Expertensysteme sollten den Menschen in unterschiedlichen Fachgebieten unterstützen, indem sie Handlungsempfehlungen, basierend auf definierten Regeln und einer Wissensbasis, gaben. Die Forscher Edward Feigenbaum, Bruce Buchanan und Edward Shortliff entwickelten ein System, das Diagnose- und Therapieentscheidungen bei Blutinfektionskrankheiten und

Meningitis traf. Das System wurde MYCIN genannt und konnte bessere Entscheidungen treffen als Ärzte mit wenig Erfahrungen (Grätz, 2021, S. 16 f.). Ein Praxiseinsatz dieses Systems wurde nicht ermöglicht, da die Bedenken aus ethischer und rechtlicher Sicht höher gewichtet wurden als die möglichen Vorteile. Dennoch konnte MYCIN als Grundlage für weitere Expertensysteme genutzt werden (Wennker, 2020, S. 4). Mit Beginn der 1980er Jahre investierte Japan 400 Mio. US$ in das Fifth-Generation-Project und förderte dadurch die KI-Forschung. Das Projekt verfolgte das Ziel, Anwendungen für die praktische Nutzung von künstlicher Intelligenz zu entwickeln (Buxmann & Schmidt, 2021, S. 5 f.). Durch dieses Projekt sahen sich unterschiedliche Nationen unter Druck gesetzt und initiierten ihre eigenen Programme, zum Beispiel die USA, die eine Strategic-Computing-Initiative mit mehr als einer Milliarde US-Dollar subventionierte, mit dem Ziel, eine vollständige Maschinenintelligenz zu erschaffen (Wennker, 2020, S. 5).

In den 1990er Jahren gab es unterschiedliche Erfolge im Kontext von künstlicher Intelligenz. Mit der verteilten künstlichen Intelligenz von Marvin Minsky wurde die Grundlage für die sogenannte Agententechnologie geschaffen. Diese Art von Technologie ermöglicht die simulationsbasierte Analyse in unterschiedlichen Untersuchungsbereichen. Des Weiteren konnten verschiedene Fortschritte in dem Forschungsgebiet der Robotik erzielt werden. In dieser Entwicklungsphase konnten erste Erfolge im Bereich von künstlichen neuronalen Netzen erzielt werden. Der IBM-Deep-Blue konnte den damaligen Schachweltmeister von 1997 in einer Schachpartie schlagen (Buxmann & Schmidt, 2021, S. 5 f.). Die neuronalen Netze werden im weiteren Verlauf des Buches näher beschrieben, da sie eine Leistungsebene im Kontext von KI darstellen.

Mit der fortschreitenden Digitalisierung in den 2000er Jahren konnten die bereits vorliegenden Erkenntnisse genutzt werden, um künstliche Intelligenz weiterzuentwickeln. Durch das Internet und die damit einhergehende Vernetzung sowie die anfallende Datenmenge kamen die Analysemethoden an ihre Grenzen. Mittlerweile haben Anwendungen der künstlichen Intelligenz Einzug in unseren Alltag gehalten, die von technikorientierten Großkonzernen entwickelt und eingesetzt werden (Wennker, 2020, S. 7). Als wesentliche Errungenschaft ist hier zum Beispiel „Amazon Echo" zu nennen, das mit dem Sprachassistenten namens Alexa 2015 veröffentlicht wurde (Amazon Autor, 2018).

Mittlerweile können KI-Anwendungen unterschiedliche Aufgaben übernehmen, zum Beispiel das Anfertigen von Bildern oder das Steuern eines Fahrzeugs (Böhm, 2022).

Wie wird künstliche Intelligenz definiert?

Grundsätzlich umfasst der Begriff „künstliche Intelligenz" unterschiedliche Aspekte. Dabei werden Computer oder Maschinen als künstliche Intelligenz bezeichnet, wenn sie kognitive oder geistige Fähigkeiten aufweisen, die den menschlichen Fähigkeiten ähneln. Beispiele hierfür können das Lernen aus Erfahrungen und die Problemlösung sein.

Dennoch weisen menschliche Fähigkeiten und insbesondere das menschliche Gehirn komplexe Formen und Ausprägungen auf, die aktuell mittels künstlicher Intelligenz nicht dargestellt werden können. Vor allem menschliche Entscheidungen laufen unterbewusst ab und sind somit schwierig für eine KI zu erlernen. Dadurch ist es schwierig, zu analysieren, welche Komponenten für die Entscheidungsfindung herangezogen werden. Die Intelligenz der Menschen basiert auf dem Zusammenspiel von unterschiedlichen Einflussfaktoren, die eine enge Verknüpfung untereinander aufweisen. Aus diesem Grund ist die menschliche Entscheidungsfindung schwierig abbildbar. Des Weiteren gibt es verschiedene Ausprägungen von menschlicher Intelligenz, zum Beispiel die musikalische, die sprachliche oder die mathematische Intelligenz, die häufig in einer Beziehung zueinander stehen. Künstliche Intelligenz hingegen besteht aus dem Zusammenspiel von Mathematik und Informatik, das es nicht erlaubt, emotionale oder unbewusste Faktoren zu berücksichtigen (Kitzmann, 2022, S. 65 f.). Die unterschiedlichen Ausprägungen und Formen von KI in den entsprechenden Systemen können grundsätzlich in schwache und starke KI aufgeteilt werden.

Unter schwacher KI werden Systeme verstanden, die unterschiedliche Aufgaben lösen können, die sich auf ein konkretes Anwendungsproblem beziehen. Dabei können diese Systeme eine Lösung auf menschlichem Niveau herbeiführen und nutzen definierte Algorithmen, um komplexe Aufgabenstellungen zu lösen (Krebs & Hagenweiler, 2022, S. 6). Beispiele für die Anwendung von schwacher KI sind Sprachassistenten, Navigationsassistenten oder Bilderkennung (Lohmann, 2021, S. 256). In diesem Bereich der künstlichen Intelligenz wurden in den letzten Jahren verschiedene Fortschritte erzielt, die es der KI ermöglichen, bessere Ergebnisse als ein Mensch in den spezifischen Aufgabenstellungen zu erzielen. Unter schwacher KI werden Systeme verstanden, die nur einen Teil der menschlichen Fähigkeiten abbilden können. Aus diesem Grund werden alle bisherigen KI-Systeme dieser Kategorie zugeordnet, da kein Verständnis für den kausalen Zusammenhang oder die Problemlösung entwickelt wird (Krebs & Hagenweiler, 2022, S. 6).

Starke KI wird auch als allgemeine künstliche Intelligenz bezeichnet. Bei dieser Form von künstlicher Intelligenz wird, basierend auf der Technologie, versucht, die menschlichen Fähigkeiten abzubilden, zu optimieren oder zu übertreffen. Damit soll es der KI ermöglicht werden, eigenständig ein Bewusstsein zu entwickeln und generelle Problemstellungen in komplexen und nicht vorhersehbaren Situationen zu lösen. Aktuell werden für diese Art von Lösung noch umfassende Trainingsdaten benötigt, aus denen eine KI das optimale Ergebnis ableitet. Es ist zu beobachten, dass die Forschung und die resultierenden Ergebnisse hinsichtlich der starken künstlichen Intelligenz zunehmen. Ein besonderer Fokus liegt dabei auf der eigenen Erfassung und Sammlung von Daten, die genutzt werden, um die Lernfähigkeiten zu beschleunigen und zu verbessern. Dadurch können die Fähigkeiten der Problemlösung und die Anreicherung der Erfahrungswerte selbstständig von dem KI-System durchgeführt und optimiert werden. Mit fortschreitender Forschung und Entwicklung könnte daraus die sogenannte Superintelligenz resultieren. Darunter wird eine starke künstliche Intelligenz verstanden, die sowohl ein Bewusstsein als auch Empathie entwickelt und damit Lösungsansätze hervorbringt, die für den Menschen bisher nicht erreichbar sind (Krebs & Hagenweiler, 2022, S. 6 f.). Zum jetzigen Zeitpunkt existiert keine allgemeine künstliche Intelligenz, die annähernd menschliche Intelligenz erlangt (Lohmann, 2021, S. 256). Im weiteren Verlauf dieses Kapitels werden die verschiedenen Ebenen der Leistungserbringung von künstlicher Intelligenz beschrieben und die Unterschiede zwischen künstlicher Intelligenz, neuronalen Netzen, Maschinenlernen (ML) und Deep Learning dargestellt. Eine Übersicht der unterschiedlichen Leistungsebenen ist in Abb. 2.2 dargestellt.

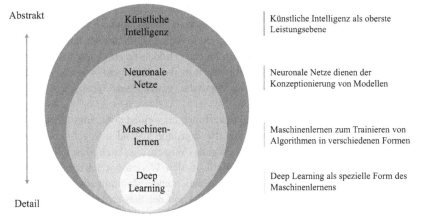

Abb. 2.2 Leistungsebenen im Kontext von KI. (Quelle: In Anlehnung an Kreutzer & Sirrenberg, 2019, S. 4)

- **Künstliche Intelligenz**
  Dabei beschreibt künstliche Intelligenz, wie bereits zu Beginn des Abschnitts
  dargestellt, Computer oder Maschinen, die kognitive oder geistige Fähigkeiten
  aufweisen, die den menschlichen Fähigkeiten oder der menschlichen Intelligenz
  ähneln.
- **Neuronale Netze**
  Als wichtige Teilmenge von künstlicher Intelligenz werden die neuronalen Netze
  angesehen. Sie bilden den Rahmen für die Konzeptionierung von Modellen.
  Der Begriff neuronale Netze stammt aus der Neurowissenschaft, in der die
  Verbindung von verschiedenen Neuronen als neuronales Netz angesehen wird.
  Dadurch sind sie ein fester Bestandteil des menschlichen Nervensystems. In
  der Computerwissenschaft wird versucht, diese Art von Netzen nachzubilden.
  Die Informationsverarbeitung in neuronalen Netzen erfolgt nicht über lineare
  Funktionen und ermöglicht außerdem eine Parallelverarbeitung von Informationen der einzelnen Neuronen. Durch diese Art und Weise der Verarbeitung von
  Informationen können neuronale Netze komplexe, nichtlineare Abhängigkeiten
  der Ursprungsinformationen abbilden und selbstständig erlernen. Die Fähig-
  keit des selbstständigen Lernens basiert auf Trainingsdaten, die dem System
  zur Verfügung gestellt werden (Kreutzer & Sirrenberg, 2019, S. 5 f.). Für die
  grundlegende Funktion eines solchen neuronalen Netzes wird ein Input-Layer
  für die Dateneingabe benötigt, der eine Schicht von Neuronen aufweist. Des
  Weiteren wird ein Output-Layer für die Datenausgabe benötigt, der ebenfalls
  eine Schicht mit Neuronen aufweist. Darüber hinaus können neuronale Netze
  unterschiedlich viele verdeckte Zwischenschichten von Neuronen aufweisen, die
  sogenannten Hidden-Layer. Die Resultate der Hidden-Layer gehen in den Ergebnissen der Output-Layer auf und bleiben in ihrer Reinform verborgen (Grätz,
  2021, S. 23 f.). Abb. 2.3 stellt beispielhaft die verschiedenen Neuronenschichten
  und Verarbeitungspunkte dar.
  Die einzelnen Verarbeitungspunkte verfügen über einen definierten Wissensbereich, der die Programmierung und die zugrunde liegenden Regeln beinhaltet.
  Darüber hinaus gehören die Regeln und das Wissen, das durch Maschinenlernen
  ergänzt oder korrigiert wird, ebenfalls in den Wissensbereich des Verarbei-
  tungspunktes. Dadurch entsteht eine selbstlernende Maschine, die sich je nach
  Datenlage von den ursprünglichen Regeln und der Wissensbasis entfernt oder
  sich diesen beziehungsweise dieser nähert. Damit ein solcher Lernprozess
  optimal funktioniert, sind die unterschiedlichen Schichten vielfältig miteinander verbunden. Dabei sind die einzelnen Verarbeitungspunkte einer Ebene
  mit den Punkten der vorangegangenen Ebene verknüpft. Durch diese Art der

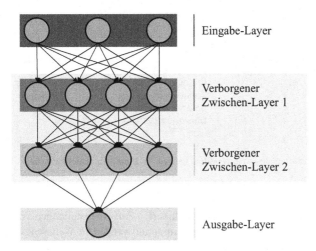

Eingabe-Layer

Verborgener
Zwischen-Layer 1

Verborgener
Zwischen-Layer 2

Ausgabe-Layer

Abb. 2.3 Neuronenschichten in neuronalen Netzen. (Quelle: in Anlehnung an Kreutzer & Sirrenberg, 2019, S. 5)

Verknüpfung wird der Informationsfluss zwischen den verschiedenen Schichten ermöglicht. Die Beschreibung von neuronalen Netzen kann auf Basis der Tiefe oder Breite eines Modells erfolgen. Die Tiefe beschreibt die Anzahl der definierten Schichten eines Modells, die zwischen dem Input-Layer und dem Output-Layer liegen. Die Breite eines Modells basiert auf der Anzahl von Verarbeitungspunkten in den definierten Zwischenschichten sowie den Ein- und Ausgängen pro Verarbeitungspunkt. Durch die Variation von verschiedenen Breiten- und Tiefenaspekten lassen sich individuelle Formen von neuronalen Netzen modellieren, deren Informationsaustausch zwischen den Layern vorwärts- und rückwärtsgerichtet sein kann (Kreutzer & Sirrenberg, 2019, S. 5 f.).

• **Maschinenlernen**
Als Teilbereich der neuronalen Netze gilt das Maschinenlernen, hier werden mithilfe von Algorithmen und Trainingsdaten Muster oder Gesetzmäßigkeiten erkannt. Ein Algorithmus ist in diesem Kontext eine programmierte Information, wie die vorliegenden Daten verarbeitet werden und zu einem Ergebnis führen sollen. Im Zuge von Maschinenlernen werden selbst-adaptive Algorithmen eingesetzt. Dadurch wird die eigenständige Lern- und Verbesserungsfähigkeit der Algorithmen ermöglicht. Mithilfe dieser Art von Algorithmen kann ein optimales Training der Algorithmen erfolgen. Des Weiteren können kontinuierlich

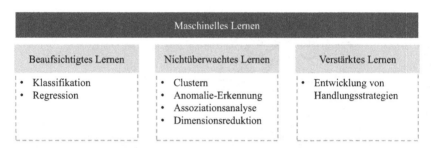

Maschinelles Lernen		
Beaufsichtigtes Lernen	Nichtüberwachtes Lernen	Verstärktes Lernen
• Klassifikation • Regression	• Clustern • Anomalie-Erkennung • Assoziationsanalyse • Dimensionsreduktion	• Entwicklung von Handlungsstrategien

Abb. 2.4 Lernarten des maschinellen Lernens. (Quelle: in Anlehnung an Pokorni et al., 2021, S. 17)

Verbesserungen zur Lösung der definierten Aufgabenstellungen vorgenommen werden, ohne zusätzlichen Programmieraufwand. Die Weiterentwicklung des Maschinenlernens ermöglicht die Unterscheidung von verschiedenen Lernarten der Algorithmen, die in der Abb. 2.4 dargestellt und im weiteren Verlauf kurz beschrieben werden (Kreutzer & Sirrenberg, 2019, S. 6 f.).

- **Supervised Learning – beaufsichtiges Lernen**
  Bei dem Prinzip des „Supervised Learning" (oder auch beaufsichtigtes Lernen genannt) werden dem Modell sowohl die Trainingsdaten als auch ein Zielwert vorgegeben. Dadurch wird das Modell auf diese Art von Zielvariable trainiert und kann präzise Empfehlungen und Prognosen abgeben. Die Ausgabe erfolgt in Wahrscheinlichkeiten oder numerischen Werten. Mit der notwendigen Datenvorbereitung durch den Menschen ist im Vergleich zu den anderen Arten des Maschinenlernens ein hoher Aufwand verbunden (Buxmann & Schmidt, 2021, S. 11).

- **Unsupervised Learning – nichtüberwachtes Lernen**
  Eine weitere Art des Maschinenlernens ist das „Unsupervised Learning", das nichtüberwachte Lernen. Hierbei werden dem Modell Trainingsdaten zur Verfügung gestellt, um selbstständig Zusammenhänge ohne Überwachung oder Zielvorgabe zu erkennen. Die Erkennung von Mustern und Zusammenhängen erfolgt dabei explorativ auf Basis der Trainingsdaten. Dadurch ist der Algorithmus in der Lage, Cluster zu bilden oder Assoziationen zu ermöglichen. Der Aufwand für den Menschen im Vorfeld des Trainings ist gering (Buxmann & Schmidt, 2021, S. 11).

- **Reinforcement-Learning – verstärktes Lernen**
  Beim sogenannten „Reinforcement-Learning" (oder auch verstärktes Lernen genannt) liegt kein optimaler Lösungsweg vor. Des Weiteren werden keine

umfangreichen Trainingsdaten benötigt, da der Algorithmus durch einen detaillierten Trial-and-Error-Ablauf die Datenbasis bildet. Durch die Anwendung eines Belohnungs- und Bestrafungssystems versucht das Modell, die optimale Lösung zu erhalten. Dabei lernt der Algorithmus, welche Entscheidung die beste in der aktuellen Situation ist (Buxmann & Schmidt, 2021, S. 11).

- **Deep Learning**
  Eine weitere Teilmenge des Maschinenlernens stellt das sogenannte „Deep Learning" dar. Dieses weist eine spezielle Art von neuronalen Netzen auf. Hierbei wird eine Vielzahl von Daten benötigt, mit einer großen Bandbreite an Informationen. Die Datenvorverarbeitung durch den Menschen wird dabei so gering wie möglich gehalten. Durch das Deep Learning können häufig genauere Ergebnisse erzielt werden, die mit den zuvor beschriebenen Ansätzen des Maschinenlernens nicht möglich sind. Die neuronalen Netze bei dieser Art des Lernens weisen eine große Anzahl von Schichten auf, durch die tiefgründige Muster und Korrelationen in den Daten erkannt werden können. Dies wird durch spezielle Netzwerke und eine hohe Eingabekapazität ermöglicht (Kreutzer & Sirrenberg, 2019, S. 8).

Abschließend ist festzuhalten, dass KI vorliegt, wenn Computer oder Maschinen kognitive oder geistige Fähigkeiten aufweisen, die denen der Menschen ähneln, und dadurch in der Lage sind, zu lernen oder Probleme zu lösen (Krebs & Hagenweiler, 2022, S. 5). Diese beschriebene Definition von KI wird im weiteren Verlauf für dieses *essential* herangezogen.

Wo künstlicher Intelligenz bereits eingesetzt wird – ein kurzer Überblick

Ein Anwendungsbereich von künstlicher Intelligenz ist die Produktion. Hier haben sich spezifische Anwendungsfelder herauskristallisiert, zum Beispiel die Produktionssteuerung. Damit die Ausgestaltung von Produktionsprozessen optimal erfolgen kann, setzen verschiedene Unternehmen auf KI-Anwendungen. Diese Art von Anwendungen unterstützt bei der effizienten Planung und Steuerung von Produktionen, indem sie Störungen, Engpässe oder Durchlaufzeiten reduziert. Durch die immer weiter ansteigende Komplexität von verketteten Produktionslinien setzen Unternehmen auf KI-Algorithmen, die eine erhöhte Frequenz in der Datenverarbeitung und Verfügbarkeit aufweisen. Durch diese Verknüpfung können Erkenntnisse hervorgebracht werden, die zur Optimierung der Produktion beitragen. (Pokorni et al., 2021, S. 22) Ein weiteres Anwendungsbeispiel aus der Praxis liegt in der Kundenkommunikation. Unternehmen haben erkannt, dass eine individuelle Kundenansprache ein wesentlicher Erfolgsfaktor in der Kundenkommunikation ist. Aus diesem Grund kommen sogenannte Chatbots zum Einsatz. Durch KI-basierte Sprachassistenten kann zum einen die natürliche Sprache verstanden werden und zum anderen können mögliche Absichten erkannt werden. Durch die intelligente Verknüpfung des KI-Bots ist die Recherche von benötigten Informationen gewährleistet, die an den Kunden übergeben werden können. Dadurch wird menschliches Personal entlastet, weil der Chatbot eine Vielzahl an Konversationen und Kundenanfragen eigenständig abschließen kann. Mit dieser Einsatzmöglichkeit werden zum einen Ressourcen auf der Seite der Unternehmen gespart und zum anderen wird die Kundenzufriedenheit gesteigert (Intel, 2020). Des Weiteren kommen KI-Anwendungen in alltäglichen Situationen zum Einsatz. KI wird beispielsweise im Online-Shopping und für Werbung genutzt, damit Kunden personalisierte Angebote, basierend auf den vergangenen Käufen oder Produktsuchen, erhalten (Europäisches Parlament, 2021). Ein weiterer Anwendungsfall sind Assistenzsysteme in Fahrzeugen, die eine Unterstützung für den Fahrer darstellen. Die Funktionen reichen von Abstandsreglern, Bremsassistenzen oder der Verkehrsschilderkennung bis hin zur Einparkhilfe. Hier unterstützt eine KI im Fahrzeug den Fahrer in spezifischen Situationen, zum Beispiel durch die Bilderkennung und -verarbeitung (Abolhassan, 2019). Der aktuelle Stand der KI-Entwicklung zeigt, dass KI bereits in unterschiedlichen Einsatzgebieten vertreten ist und Unternehmen und Menschen in ihrer täglichen Arbeit unterstützt oder sogar entlastet.

2.2   Inhalte des KI-Acts der europäischen Union

In diesem Abschnitt wird der Vorschlag für eine Verordnung zur Festlegung harmonisierter Vorschriften für künstliche Intelligenz und zur Änderung bestimmter Rechtsakte der Union, der sogenannte KI-Act, vorgestellt. Der Entwurf wurde von der Europäischen Kommission ausgearbeitet und dem Parlament und dem Rat vorgestellt. Dieses *essential* bezieht sich auf den Verordnungsentwurf mit dem Stand vom 21.04.2021, weshalb es durch weitere Abstimmungen auf europäischer Ebene zu Änderungen der Anforderungen kommen kann.

Dieser Entwurf ist Teil der europäischen Datenstrategie und soll die Vertrauenswürdigkeit von künstlicher Intelligenz erhöhen. Des Weiteren soll durch den KI-Act sichergestellt werden, dass KI-Systeme in der EU sicher, transparent, ethisch, unparteiisch und unter der Kontrolle des Menschen sind. Mit diesem Vorschlag nimmt die EU eine weltweite Vorreiterstellung bei der Regulierung von KI ein, ähnlich wie mit der Datenschutz-Grundverordnung (DSGVO) für personenbezogene Daten (Europäische Kommission, o. J.).

Ziele des KI-Acts

Künstliche Intelligenz als Technologie, die sich schnell weiterentwickelt, kann in vielen Einsatzbereichen den Menschen unterstützen und stellt einen Nutzen für die Wirtschaft und die Gesellschaft der Europäischen Union dar. Hierbei sind die Einsatzmöglichkeiten, wie in Abschn. 2.1 bereits beschrieben, sehr vielfältig. Aus Sicht der Europäischen Union besteht Bedarf in Sektoren mit großer Wirkung, zum Beispiel Klimaschutz, Umwelt und Gesundheit, öffentlicher Sektor, Finanzen, Mobilität, Inneres und Landwirtschaft. Faktoren und Techniken, die für den Nutzen von KI sorgen, können auch Risiken und Nachteile mit sich bringen. Aus diesem Grund erarbeitet die Europäische Union einen Ansatz, der die neu entwickelte Technologie in Einklang mit den Grundrechten, Werten und Prinzipien der EU bringt. Der Entwurf dieser Verordnung ist zusätzlich eine Reaktion auf die Forderung des Europäischen Parlaments und des Europäischen Rates nach einer legislativen Maßnahme, die einen funktionierenden Binnenmarkt für KI-Systeme ermöglicht und den Nutzen sowie die Risiken von KI regelt. Des Weiteren sollen bei der Entwicklung von sicherer und vertrauenswürdiger KI die ethischen Grundsätze gewahrt und es soll eine weltweite Führungsrolle in diesem Themenkomplex eingenommen werden.

Folgende übergeordnete Ziele wurden von der Europäischen Kommission in dem Vorschlag für den Rechtsrahmen für künstliche Intelligenz definiert:

- KI-Systeme, die im Unionsmarkt verwendet oder in den Verkehr gebracht werden, müssen gewährleisten, dass sie im Einklang mit den Werten und Grundrechten der Europäischen Union sind.
- Rechtssicherheit als Grundlage für die Förderung der Investitionen in KI und innovativen KI nutzen.
- Erleichterung der Entwicklung eines Binnenmarktes in der Europäischen Union für KI-Anwendungen, die rechtskonform, vertrauenswürdig und sicher sind. Es soll ebenfalls die Fragmentierung des Marktes verhindert werden und Strukturen ermöglichen, die eine Durchsetzung des geltenden Rechts gewährleisten (Europäische Kommission, 2021c, S. 1 ff.).

Die Europäische Kommission beschreibt den horizontalen Regulierungsansatz für KI als verhältnismäßig und beschränkt sich auf die Mindestanforderungen für die Bewältigung von Risiken, die im Kontext von KI-Systemen auftreten könnten. Dabei soll keine übermäßige Einschränkung der technologischen Entwicklung erfolgen oder es sollen keine unverhältnismäßigen Kosten bei der Inverkehrbringung verursacht werden. Darüber hinaus bietet der Entwurf die erforderliche Flexibilität, um dynamisch auf technologische Entwicklungen reagieren zu können. Des Weiteren basiert der Verordnungsentwurf auf einem risikobasierten Ansatz zur Einstufung der KI-Systeme in Risikokategorien.

Hochrisiko-KI-Systeme, die Risiken für die Grundrechte, die Gesundheit oder die Sicherheit von Personen hervorbringen, müssen bestimmte Anforderungen an vertrauenswürdige KI erfüllen. Außerdem müssen sie sich einem Konformitäts-bewertungsverfahren unterziehen, bevor sie im europäischen Binnenmarkt genutzt werden dürfen. Anbietern und Nutzern dieser Art von Systemen werden weitere Pflichten auferlegt, damit der Schutz von Grundrechten über den gesamten Lebenszyklus eines KI-Systems gewährleistet wird (Europäische Kommission, 2021c, S. 3 f.). Die detaillierten Anforderungen und Verpflichtungen werden im weiteren Verlauf des Buches beschrieben.

Risikoklassen des KI-Acts
Durch die fortschreitende Entwicklung von künstlicher Intelligenz entstehen Vorteile, aber auch möglicherweise Risiken für die Bevölkerung. Aus diesem Grund schlägt die Kommission einen risikobasierten Ansatz vor, der die Einstufung jedes KI-Systems vorsieht. Dieser Ansatz unterteilt sich in vier Abstufungen, die im weiteren Verlauf näher erläutert werden. Die Anforderungen und Verpflichtungen nehmen mit der Erhöhung des Risikos zu. In Abb. 2.5 werden die einzelnen Abstufungen dargestellt.

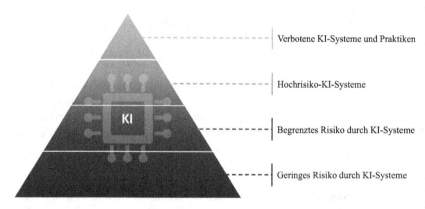

Abb. 2.5 Risikoklassifizierung von KI. (Quelle: in Anlehnung an Europäische Kommission, o. J.)

- **Verbotene KI-Systeme und Praktiken**
  In diese Risikokategorie fallen KI-Systeme, die gegen die Werte der Union, beispielsweise die Grundrechte, verstoßen. Techniken zur unterschwelligen Beeinflussung oder die ein hohes Potenzial zur Manipulation von Personen aufweisen, sollen verboten werden, sollte die Person dies nicht bewusst wahrnehmen können. Zusätzlich sollen schutzbedürftige Personen, zum Beispiel Kinder, vor massiver Beeinflussung geschützt werden, die das Ziel hat, dass sie sich selbst oder andere psychisch oder physisch schädigen. Des Weiteren sollen manipulative und ausbeuterische Praktiken verhindert werden oder solche, die dies erleichtern. Ein weiteres Verbot gilt für die Bewertung des sozialen Verhaltens, das sogenannte Social Scoring, durch Unternehmen oder öffentliche Behörden. Die biometrischen Echtzeit-Fernidentifizierungssysteme in öffentlichen Räumen zum Zweck der Strafverfolgung sollen mit wenigen Ausnahmen ebenfalls verboten werden (Europäische Kommission, 2021c, S. 15).

- **Hochrisiko-KI-Systeme**
  Unter der Kategorie der Hochrisiko-KI-Systeme werden KI-Anwendungen verstanden, die ein hohes Risiko für Gesundheit, Sicherheit oder Grundrechte natürlicher Personen darstellen. Jedes Hochrisiko-KI-System, das auf dem europäischen Markt zugelassen werden soll, muss bestimmte Anforderungen erfüllen und einer Konformitätsbewertung standhalten. Die Einstufung der KI-Systeme basiert auf der Funktion und Zweckbestimmung des Systems entsprechend den EU-Produktsicherheitsvorschriften. Die Hauptmerkmale für Hochrisikosysteme sind wie folgt definiert:
  - „KI-Systeme, die als Sicherheitskomponenten von Produkten, die einer Vorab-Konformitätsbewertung durch Dritte unterliegen, verwendet werden sollen;
  - sonstige eigenständige KI-Systeme, die ausdrücklich in Anhang III genannt werden und sich vor allem auf die Grundrechte auswirken." (Europäische Kommission, 2021c, S. 15)
  Im Anhang zur KI-Verordnung werden unterschiedliche Systeme aufgeführt, bei denen bereits ein hohes Risiko identifiziert wurde oder ein hohes Risiko abzusehen ist. Dies sind zum Beispiel Systeme, die im Kontext von Personalmanagement, kritischer Infrastruktur oder der biometrischen Identifizierung und Kategorisierung natürlicher Personen eingesetzt werden (Europäische Kommission, 2021a, S. 5).
  Diese Art von Hochrisiko-KI-Systemen muss unterschiedliche Anforderungen hinsichtlich Daten, Data-Governance, Dokumentation, Aufzeichnungen, Transparenz und Bereitstellung von Informationen für die Nutzer, menschlicher

Aufsicht, Robustheit, Genauigkeit und Sicherheit erfüllen. Die Anbieter von KI-Systemen können selbst entscheiden, welche Art der technischen Lösung zur Einhaltung der Anforderungen genutzt wird. Dies soll den Nutzen des wissenschaftlich-technischen Know-hows ermöglichen und die Flexibilität in diesem Kontext aufrechterhalten, um den jeweiligen Stand der Technik zu berücksichtigen (Europäische Kommission, 2021c, S. 5).

- **Begrenztes Risiko durch KI-Systeme**
  Für KI-Systeme mit einem begrenzten Risiko gelten bestimmte Transparenz-pflichten, zum Beispiel die Mitteilung an die nutzende Person, dass sie es mit einer KI zu tun hat. Die Systeme in dieser Risikokategorie weisen Manipulations-risiken für natürliche Personen auf. Die Transparenzpflichten gelten für Systeme, die mit Menschen interagieren, die die Erkennung von Emotionen ermöglichen oder Inhalte erzeugen oder manipulieren. Über diese Art der Verarbeitung müssen die Anwender informiert werden und eine Offenlegung des automatisiert erstellten Materials muss ermöglicht werden. Dies soll bewusstere Entscheidungen fördern und bestimmte Situationen vermeiden (Europäische Kommission, 2021c, S. 5).

- **Minimales Risiko**
  Von dieser Art von KI-Systemen geht kein oder nur ein minimales Risiko für die Sicherheit oder die Grundrechte von Bürgern aus. Aus diesem Grund greift die KI-Verordnung hier nicht. Dies könnten zum Bespiel Videospiel- oder Spamfilter sein, die künstliche Intelligenz nutzen (Europäische Kommission, o. J.). Abschließend ist festzuhalten, dass der risikobasierte Ansatz des Verord-nungsentwurfs der zentrale Bestandteil einer möglichen KI-Regulierung sein wird.

2.3   Anforderungen an Anbieter, Nutzer und andere Dritte

Mit dem risikobasierten Ansatz wurde eine Systematik geschaffen, die eine Ein-stufung der unterschiedlichen KI-Systeme ermöglicht. Basierend auf dieser Sys-tematik werden die unterschiedlichen Anforderungen an Hochrisiko-KI-Systeme beschrieben sowie die Verpflichtungen für Anbieter, Nutzer und anderer Dritter und die Transparenzpflichten für bestimmte KI-Systeme. Eine Nichteinhaltung des KI-Acts kann zu empfindlichen Sanktionen führen, beispielsweise einem Bußgeld in der Höhe von bis zu sechs Prozent des weltweiten Jahresumsatzes.

Anforderungen an Hochrisiko-KI-Systeme
Der Entwurf zum KI-Act weist in einem eigenen Kapitel explizite Anforderungen für Hochrisiko-KI-Systeme aus, die im Folgenden näher beschrieben werden. Hochrisiko-KI-Systeme sind verpflichtet, die Anforderungen aus Kap. 2 des Entwurfs zur KI-Verordnung zu erfüllen und entsprechende Nachweise zu erbringen.

Im Zuge des Risikomanagements muss für Hochrisiko-KI-Systeme ein Risikomanagementsystem (Artikel 9) eingerichtet, angewendet, dokumentiert und aufrechterhalten werden. Ein solches Risikomanagement muss als iterativer Prozess verstanden werden und eine kontinuierliche Aktualisierung über den gesamten Lebenszyklus eines KI-Systems erfahren. Das Vorgehen für das Risikomanagement muss folgende Schritte beinhalten:

- Risikoermittlung und -analyse;
- Bewertung der Risiken;
- Bewertung weiterer Risiken basierend auf der Auswertung von Daten sowie
- Definition geeigneter Risikomanagementmaßnahmen.

Für die Definition der am besten geeigneten Risikomanagementmaßnahme werden die Wechselwirkungen von kombinierten Anforderungen berücksichtigt und nach dem anerkannten Stand der Technik definiert. Die Maßnahmen müssen so gestaltet werden, dass nur noch ein vertretbares Restrisiko vorliegt. Nutzer der KI-Systeme müssen über diese Restrisiken informiert werden. Des Weiteren müssen Hochrisiko-KI-Systeme getestet werden, damit die am besten geeignete Risikomanagementmaßnahme ermittelt werden kann und die Funktionen die Anforderungen an das KI-System erfüllet werden. Die Testverfahren müssen für die Zweckbestimmung des KI-Systems geeignet sein und nach vorab definierten Parametern erfolgen, die ebenfalls für das System geeignet sind. Dabei erfolgt das Testen während des gesamten Entwicklungsprozesses und mindestens vor dem Inverkehrbringen oder der Inbetriebnahme (Europäische Kommission, 2021c, S. 54 f.). Ein weiterer Aspekt betrifft die Daten und Daten-Governance (Artikel 10), die Anforderungen mit sich bringen. Zum einen müssen KI-Systeme, bei denen Modelle mit Daten trainiert werden, über Trainings-, Validierungs- und Testdatensätze verfügen. Zum anderen müssen für diese Datensätze geeignete Daten-Governance- und Datenverwaltungsverfahren definiert sein. Diese Verfahren betreffen konzeptionelle Entscheidungen, die Datenerfassung, die Datenaufbereitung, das Aufstellen von Annahmen, die Verfügbarkeitsbewertung, die Untersuchung auf Verzerrung und das Aufzeigen von Datenlücken und wie diese geschlossen werden können. Darüber hinaus müssen

die Datensätze relevant, repräsentativ, fehlerfrei und vollständig sein. Die Datensätze müssen die relevanten statistischen Merkmale aufweisen und gegebenenfalls
besondere geografische, verhaltensbezogene oder funktionale Rahmenbedingungen
berücksichtigen.

Bevor ein Hochrisiko-KI-System in den Verkehr gebracht wird, muss eine technische Dokumentation (Artikel 11) erstellt werden, die regelmäßig aktualisiert werden
muss. Dabei muss die technische Dokumentation so gestaltet werden, dass aus ihr
hervorgeht, dass alle relevanten Anforderungen an ein Hochrisiko-KI-System erfüllt
sind. Diese Dokumentation wird den zuständigen nationalen Behörden und notifizierten Stellen mit allen relevanten Informationen zur Verfügung gestellt und dient
als Grundlage für die Beurteilung, ob die Anforderungen an das KI-System erfüllt
sind (Europäische Kommission, 2021c, S. 56 f.). Die folgenden Angaben muss die
technische Dokumentation mindestens beinhalten:

- allgemeine Beschreibung des KI-Systems;
- detaillierte Beschreibung der Bestandteile eines KI-Systems und des Entwick-
  lungsprozesses;
- Beschreibung der Überwachung, Funktionsweise und Kontrolle inklusive der
  Leistungsgrenzen und Fähigkeiten;
- Beschreibung des Risikomanagementsystems;
- Beschreibung der Änderungshistorie für das System über den gesamten Lebens-
  zyklus;
- Darstellung der angewandten harmonisierten Normen oder Beschreibung der
  Lösung zur Erfüllung der relevanten Anforderungen;
- EU-Konformitätserklärung als Kopie sowie
- Beschreibung des Systems, um die Leistung zu bewerten, nachdem das System
  in den Verkehr gebracht wurde (Europäische Kommission, 2021a, S. 8 f.).

Mit der Aufzeichnungspflicht (Artikel 12) für Hochrisiko-KI-Systeme muss die
Protokollierung von allen Vorgängen und Ereignissen gewährleistet werden. Die
Protokollierung muss nach anerkannten Normen oder Spezifikationen erfolgen.
Durch das Protokollieren soll die Rückverfolgbarkeit der Funktion eines KI-Systems
gewährleistet werden. Darüber hinaus soll die Überwachung des Betriebs nach
Inverkehrbringen ermöglicht werden. Dabei muss die Protokollierung den Zeitraum
der Verwendung (Datum und Start- und Endzeitpunkt der Nutzung), die Referenz-
datenbank, die Eingabedaten und die Identität der natürlichen Person, die an der
Überprüfung der Ergebnisse beteiligt war, umfassen (Europäische Kommission,
2021c, S. 57). Die Transparenz und Bereitstellung von Informationen für die Nutzer
(Artikel 13) ist ebenfalls Bestandteil der Anforderungen an Hochrisiko-KI-Systeme.

Die Systeme müssen mit angemessener Transparenz konzipiert und entwickelt werden. Des Weiteren müssen die Nutzer die Ergebnisse interpretieren und verwenden können. Aus diesem Grund ist für Hochrisiko-KI-Systeme eine Gebrauchsanweisung zu erstellen, die in verständlicher Form die relevanten Informationen zu dem KI-System für den Nutzer bereitstellt. Dabei müssen Angaben zu den Kontaktdaten des Anbieters, den Merkmalen, den Fähigkeiten und den Leistungsgrenzen des KI-Systems gemacht werden. Weiterhin müssen Änderungen des KI-Systems, die durch den Anbieter vor der ersten EU-Konformitätsbewertung bestimmt wurden, beschrieben und Maßnahmen getroffen werden, die die Interpretation von Ergebnissen eines Hochrisiko-KI-Systems unter menschlicher Aufsicht erleichtern. Abschließend müssen Aussagen über die Lebensdauer eines Hochrisiko-KI-Systems getroffen und alle Maßnahmen beschrieben werden, die das ordnungsgemäße Funktionieren des KI-Systems gewährleisten (Europäische Kommission, 2021c, S. 57 f.).

Im Zuge der Anforderungen an Hochrisiko-KI-Systeme muss eine menschliche Aufsicht (Artikel 14) gewährleistet werden. Die Systeme sollen so konzipiert und entwickelt werden, dass über die gesamte Nutzungsdauer des KI-Systems eine wirksame Beaufsichtigung durch eine natürliche Person erfolgen kann. Im Vordergrund der Beaufsichtigung steht die Risikominimierung für Gesundheit, Sicherheit oder Grundrechte von natürlichen Personen. Diese Risiken könnten entstehen, sollte es zu einer vorhersehbaren Fehlanwendung kommen. Die menschliche Aufsicht muss vor dem Inverkehrbringen oder der Inbetriebnahme vom Anbieter bestimmt und in das KI-System integriert werden, sofern dies technisch möglich ist. Eine weitere Option ist, dass vor der Inbetriebnahme oder dem Inverkehrbringen die Vorkehrungen durch den Anbieter bestimmt und dazu geeignet sind, vom Nutzer umgesetzt zu werden. Dabei umfasst die menschliche Aufsicht die folgenden Aspekte, die durch die Person, der diese Aufsicht übertragen wird, ausgeführt werden können:

- Erkennen von Anomalien durch das vollständige Verständnis des Hochrisiko-KI-Systems in Bezug auf die Fähigkeiten und Grenzen;
- Bewusstsein über die hervorgebrachten Ergebnisse eines Hochrisiko-KI-Systems schaffen; insbesondere wenn die KI-Systeme Empfehlungen ausgeben, die zur Entscheidungsfindung von natürlichen Personen dienen;
- richtige Interpretation der Ergebnisse im Kontext der Systemmerkmale und unter Berücksichtigung der Interpretationswerkzeuge/-methode;
- bewusste Entscheidungen für die Nichtnutzung eines KI-Systems in bestimmten Situationen oder die Ergebnisse nicht zu nutzen sowie

- aktive Unterbrechung des Betriebs eines Hochrisiko-KI-Systems (Europäische Kommission, 2021c, S. 58 f.).

Hochrisiko-KI-Systeme müssen Genauigkeit, Robustheit und Cybersicherheit (Artikel 15) bei der Konzipierung und Entwicklung über den gesamten Lebenszyklus aufweisen. Der Genauigkeitsgrad und die benötigten Genauigkeitskennzahlen werden in der Gebrauchsanweisung festgehalten. Innerhalb des Systems oder der Umgebung müssen Hochrisiko-KI-Systeme eine Widerstandsfähigkeit aufweisen, zum Beispiel gegen Störungen oder Unstimmigkeiten, die auftreten könnten. Eine geeignete Robustheit des KI-Systems kann zum Beispiel durch technische Redundanzen erreicht werden, die verschiedene Sicherheitspläne umfassen. Darüber hinaus ist sicherzustellen, dass geeignete Maßnahmen zur Risikominimierung eingeleitet werden, wenn KI-Systeme nach Inbetriebnahme dazulernen und gegebenenfalls verzerrte Ergebnisse für den zukünftigen Betrieb nutzen. Die Hochrisiko-KI-Systeme müssen gegen unbefugten Zugriff Dritter geschützt sein. Die Widerstandsfähigkeit gegen das Ausnutzen von Schwachstellen im System muss durch geeignete technische Lösungen der Cybersicherheit erhöht werden (Europäische Kommission, 2021c, S. 59 f.).

Pflichten der Anbieter, Nutzer oder anderer Dritter
Als Anbieter von Hochrisiko-KI-Systemen gilt es, verschiedene Pflichten zu erfüllen (Artikel 16). Der Anbieter eines Hochrisiko-KI-Systems ist für die Erfüllung sämtlicher Anforderungen an ein solches System verantwortlich. Darüber hinaus muss der Anbieter zum Beispiel über ein geeignetes Qualitätsmanagementsystem verfügen, die technische Dokumentation erstellen oder den Registrierungspflichten nachkommen (Europäische Kommission, 2021c, S. 58 f.). Im weiteren Verlauf dieses Kapitels werden weitere Pflichten des Anbieters detailliert beschrieben.

Die Anbieter von Hochrisiko-KI-Systemen müssen über ein Qualitätsmanagementsystem (Artikel 17) verfügen, das die Umsetzung und Einhaltung der KI-Verordnung ermöglicht. Dabei erfolgt eine Dokumentation in Form von Regeln, Verfahren und Anweisungen, die die folgenden Aspekte in Abhängigkeit zur Größe einer Organisation berücksichtigt:

- Konzept, um die Vorschriften einzuhalten, was die Konformitätsbewertung und Steuerung von Änderungen an Hochrisiko-KI-Systemen beinhaltet;
- Definition von geeigneten Techniken, Verfahren und Maßnahmen für die Entwurfsphase von Hochrisiko-KI-Systemen;
- Definition von geeigneten Techniken, Verfahren und Maßnahmen für die Entwicklungsphase von Hochrisiko-KI-Systemen;

- Durchführung von kontinuierlichen Untersuchungs-, Test- und Validierungsverfahren während und nach der Entwicklungsphase;
- Festlegung von Normen und technischen Spezifikationen, wenn eine vollständige Anwendung der harmonisierten Normen nicht möglich ist;
- Datenmanagement mit definierten Systemen, Verfahren und Vorgängen, die vor der Inverkehrbringung von KI-Systemen durchgeführt werden müssen;
- Risikomanagementsystem nach Artikel 9 des KI-Verordnungsentwurfs;
- ein Monitoringsystem für die Phase nach dem Inverkehrbringen einrichten, betreiben und aufrechterhalten;
- Meldeverfahren einrichten bei Fehlfunktionen oder schwerwiegenden Vorfällen;
- Gewährleistung einer optimalen Kommunikation mit Behörden, notifizierten Stellen oder weiteren interessierten Parteien;
- geeignete Systeme und Verfahren für die Unterlagen und das Informationsmanagement;
- Ressourcenmanagement betreiben, einschließlich Maßnahmen, die die Versorgungssicherheit gewährleisten, sowie
- Definition eines Rechenschaftsrahmens für die Verantwortlichkeiten innerhalb der Organisation (Europäische Kommission, 2021c, S. 61 f.).

Der Anbieter von Hochrisiko-KI-Systemen ist zur Erstellung der technischen Dokumentation verpflichtet (Artikel 18), die auf den bereits beschriebenen Anforderungen aus dem Anhang des Entwurfs zur KI-Verordnung basieren muss.

Hochrisiko-KI-Systeme müssen vor dem Inverkehrbringen einer Konformitätsbewertung (Artikel 19) unterzogen werden. Der Anbieter muss sicherstellen, dass sein Hochrisiko-KI-System das Konformitätsbewertungsverfahren durchläuft. Wird im Zuge dieses Verfahrens die Erfüllung der erforderlichen Anforderungen nach dem KI-Act nachgewiesen, muss der Anbieter eine EU-Konformitätserklärung erstellen und die CE-Konformitätskennzeichnung anbringen (Europäische Kommission, 2021c, S. 62).

Anbieter von Hochrisiko-KI-Systemen sind für die Aufbewahrung der automatisch erzeugten Protokolle (Artikel 20) verantwortlich, sofern sie ihrer Kontrolle unterliegen. Dabei werden die Protokolle für einen definierten Zeitraum aufbewahrt, der für den Zweck des Hochrisiko-KI-Systems angemessen und im Einklang mit rechtlichen Verpflichtungen aus dem europäischen oder nationalen Recht ist (Europäische Kommission, 2021c, S. 62 f.).

Sollte ein Anbieter eines Hochrisiko-KI-Systems zu der Einschätzung kommen, dass ein KI-System, das von ihm in den Verkehr gebracht wurde, nicht konform mit der KI-Verordnung ist, müssen sofort entsprechende Korrekturmaßnahmen (Artikel

21) durch den Anbieter eingeleitet werden. Des Weiteren müssen die Händler des betroffenen Systems und die Einführer informiert werden.

Die Anbieter von Hochrisiko-KI-Systemen unterliegen der sogenannten Informationspflicht (Artikel 22), wenn ein Risiko durch das System vorliegt und dem Anbieter bekannt ist. Daraufhin hat der Anbieter die zuständigen Behörden der Mitgliedsstaaten zu informieren, in denen das KI-System eingesetzt wird. Dabei muss der Anbieter umfassende Angaben zum Risiko, zur Nichtkonformität sowie zu den eingeleiteten Korrekturmaßnahmen machen (Europäische Kommission, 2021c, S. 63).

Die Zusammenarbeit mit den zuständigen Behörden (Artikel 23) ist ebenfalls eine Pflicht des Anbieters. Auf Verlangen der Behörden muss der Anbieter eines Hochrisiko-KI-Systems alle relevanten Informationen in einer festgelegten Amtssprache des Mitgliedstaates zur Verfügung stellen, um die Konformität mit den Anforderungen des KI-Acts nachzuweisen. Des Weiteren kann bei berechtigtem Interesse einer Behörde der Zugriff auf die automatisch erzeugten Protokolle verlangt werden, sollten diese unter der Kontrolle des jeweiligen Anbieters liegen (Europäische Kommission, 2021c, S. 63).

Der Verordnungsentwurf regelt ebenfalls die Pflichten von Produktherstellern (Artikel 24), die ein Hochrisiko-KI-System in Produkten einsetzen, die unter die Liste der Harmonisierungsrechtsvorschriften der Union fallen, oder unter dem Namen des Produktherstellers in den Verkehr bringen. In einem solchen Fall hat der Produkthersteller die gleichen Pflichten wie ein Anbieter von Hochrisiko-KI-Systemen und ist für die Konformität des Systems verantwortlich (Europäische Kommission, 2021a, S. 2 ff.).

Anbieter, die ihre Niederlassung außerhalb der Europäischen Union haben, müssen einen in der EU niedergelassenen Bevollmächtigten (Artikel 25) benennen, der schriftlich und vor der Bereitstellung des Systems bei der Union angemeldet wird. Der Bevollmächtigte muss dabei mindestens die folgenden Aufgaben ausführen können:

- die EU-Konformitätserklärung und die technische Dokumentation den relevanten Behörden auf Nachfrage zur Verfügung stellen;
- sämtliche Informationen und Unterlagen übermitteln, die für die Überprüfung der Konformität notwendig sind, sowie

- eine Kooperation und Zusammenarbeit mit den zuständigen Behörden gewährleisten, hinsichtlich aller Maßnahmen im Zuge von Hochrisiko-KI-Systemen (Europäische Kommission, 2021c, S. 64).

Damit Hochrisiko-KI-Systeme in den Verkehr gebracht werden dürfen, müssen die Einführer solcher Systeme überprüfen, ob das Konformitätsbewertungsverfahren durch den Anbieter durchgeführt wurde, die vollständige technische Dokumentation vom Anbieter erstellt wurde, die Gebrauchsanweisung zum KI-System vorliegt und die Konformitätskennzeichnung angebracht wurde. Darüber hinaus hat der Einführer die Verpflichtung, die Marktüberwachungsbehörden zu informieren, sollte er den Verdacht haben, dass eine Nichtkonformität des Systems vorliegt. Sein Name, die Handelsmarke oder die Kontaktanschrift werden von dem Einführer auf dem Hochrisiko-KI-System angebracht oder in der beigefügten Dokumentation hinterlegt. Die Einführer tragen die Verantwortung für die Lagerungs- und Transportbedingungen, die die Konformität des Systems nicht berühren. Bei einem begründeten Verdacht einer zuständigen Behörde hat der Einführer alle relevanten Informationen und Unterlagen, die den Nachweis der Konformität ermöglichen, der Behörde zu übermitteln (Europäische Kommission, 2021c, S. 64 f.).

Die Pflichten von Händlern (Artikel 27) werden ebenfalls durch den KI-Act geregelt. Die Händler von Hochrisiko-KI-Systemen müssen vor der Bereitstellung des Systems in einem Markt überprüfen, ob die CE-Kennzeichnung vorliegt und die relevanten Dokumente erstellt wurden. Des Weiteren prüft der Händler, ob alle Pflichten des Anbieters und des Einführers erfüllt wurden. Sollte der Händler zu der Annahme kommen, dass das System eine Nichtkonformität aufweist, darf das System erst auf den Markt gebracht werden, wenn die Konformität gewährleistet ist. Die Händler sind auch für die Lagerungs- und Transportbedingungen verantwortlich, die sich nicht auf die Konformität eines KI-Systems auswirken dürfen, wenn sich das System in der Verantwortung des Händlers befindet. Sollte sich ein Hochrisiko-KI-System auf dem Markt befinden, das nach Auffassung des Händlers eine Nichtkonformität aufweist, sind umgehend Korrekturmaßnahmen zu ergreifen. Bei einem begründeten Verdacht einer zuständigen Behörde hat der Händler alle relevanten Informationen und Unterlagen, die den Nachweis der Konformität ermöglichen, der Behörde zu übermitteln (Europäische Kommission, 2021c, S. 65).

Die Pflichten der Händler, Einführer, Nutzer oder sonstiger Dritter (Artikel 28) beschreiben, dass in Einzelfällen die Händler, Einführer, Nutzer oder sonstige Dritte als Anbieter fungieren und den Pflichten der Anbieter unterliegen. Dies trifft zu, wenn sie Hochrisiko-KI-Systeme unter ihrem Namen oder ihrer Marke in Betrieb nehmen oder in Verkehr bringen oder Veränderungen an Systemen vorgenommen werden, die sich bereits im Verkehr befinden (Europäische Kommission, 2021c, S. 66).

Die Nutzung von Hochrisiko-KI-Systemen ist für Nutzer auch mit Verpflichtungen verbunden (Artikel 29). Die Nutzer dieser Systeme verwenden diese nach den Vorgaben der spezifischen Gebrauchsanweisung. Dabei befreit die Gebrauchsanweisung die Nutzer nicht von anderen Pflichten nach geltendem Unionsrecht oder nationalem Recht oder der menschlichen Aufsicht. Die Eingabe von Daten und deren Kontrolle unterliegen den Nutzern, diese müssen die Dateneingabe hinsichtlich der entsprechenden Zweckbestimmung des KI-Systems sicherstellen. Die Nutzer sind für die Überwachung des Betriebs eines Hochrisiko-KI-Systems verantwortlich. Sollten die Nutzer während des Betriebs Risiken für die Gesundheit, die Sicherheit oder die Grundrechte von Bürgern wahrnehmen, gilt es, den Betrieb auszusetzen und den Anbieter oder Händler des KI-Systems zu informieren. Die Aufbewahrung der automatischen Protokollierung liegt ebenfalls in der Verantwortung der Nutzer, sollte diese in ihrer Zuständigkeit beziehungsweise Kontrolle liegen. Für die Aufbewahrung ist ein angemessener Zeitraum in Abhängigkeit zur Zweckbestimmung des Systems und zu den geltenden rechtlichen Bestimmungen zu wählen. Die Nutzer verwenden die bereitgestellten Informationen gegebenenfalls für die Erstellung und Durchführung einer Datenschutz-Folgenabschätzung nach Artikel 35 der Datenschutz-Grundverordnung (Europäische Kommission, 2021c, S. 66 f.).

Transparenzpflichten für bestimmte KI-Systeme
Für KI-Systeme, die ein begrenztes Risiko darstellen, gelten Transparenzpflichten (Artikel 52). Die Konzipierung und Entwicklung eines KI-Systems müssen so erfolgen, dass eine natürliche Person über Interaktionen mit einem KI-System informiert wird. Dies muss nicht erfolgen, wenn der Umstand und der Kontext offensichtlich die Benutzung eines KI-Systems darstellen. Für die zugelassenen Systeme zur gesetzlichen Aufdeckung, Verhütung, Ermittlung und Verfolgung gilt diese Vorgabe nicht, außer das System steht für die Anzeige einer Straftat der Öffentlichkeit zur Verfügung. Des Weiteren müssen die Verwender von Emotionserkennungssystemen oder Systemen zur biometrischen Kategorisierung die betroffenen natürlichen Personen über die Verwendung dieser Systeme informieren. KI-Systeme, die für die gesetzliche Aufdeckung, Verhütung, Ermittlung und Verfolgung von Straftaten zugelassen sind, werden von dieser Vorgabe ebenfalls ausgeschlossen. Werden KI-Systeme für die Erzeugung von Bild-, Ton- und Videoinhalten genutzt oder diese durch ein System manipuliert, muss dies offengelegt werden. Dies ist der Fall, wenn Personen, Gegenstände, Einrichtungen oder Ergebnisse so stark der Realität ähneln, dass

eine Verwechselungsgefahr besteht. Die beschriebenen Transparenzpflichten lassen die zuvor beschriebenen Anforderungen an Hochrisiko-KI-Systeme unberührt (Europäische Kommission, 2021c, S. 78 f.).

Zum Abschluss dieses Kapitels ist festzuhalten, dass der Verordnungsentwurf des KI-Acts die beschriebenen Anforderungen und Pflichten mit sich bringen könnte, vorbehaltlich möglicher Änderungen. Im weiteren Verlauf des *essentials* beziehen wir uns auf den beschriebenen Entwurf des KI-Acts, der als Grundlage für die weitere Erarbeitung des Spannungsfelds zwischen der Regulatorik und Unternehmen dient.

Dimensionen des Ökosystems von Unternehmen

3

In diesem Kapitel werden die Grundlagen zu den verschiedenen Dimensionen des Ökosystems eines Unternehmens dargestellt. Diese werden im weiteren Verlauf dieses Buches hinsichtlich ihrer Auswirkungen durch den KI-Act untersucht. Dabei wird zwischen den Unternehmensprozessen, den Governance-Strukturen und den IT-Systemen eines Unternehmens unterschieden. Die Ausgestaltung der einzelnen Dimensionen kann je nach Unternehmen variieren. Im Zuge dieses *essentials* werden die Dimensionen beispielhaft beschrieben.

3.1 Wie Unternehmen arbeiten

In diesem Kapitel werden Unternehmensprozesse als erste Dimension für die Erarbeitung definiert. Jedes Unternehmen hat individuelle Prozesse für unterschiedliche Anwendungsbereiche definiert und operationalisiert. Prozesse werden in einem Unternehmen benötigt, um die Leistungsfähigkeit und -erbringung sicherzustellen. Unternehmen müssen sich dauerhaft an unterschiedliche Markt- und Umfeldsituationen anpassen, deshalb unterliegen auch die Unternehmensprozesse einer dauerhaften Überprüfung und Anpassung.

Ein Prozess ist ein in sich geschlossener Ablauf, der einen definierten Input verarbeitet und einen definierten Output generiert. Die Verarbeitung des jeweiligen Inputs erfolgt nach einer definierten Reihenfolge von Teilprozessen, Aufgaben und Aktivitäten. Die Durchführung des Prozesses erfolgt dabei in einem technischen oder organisatorischen Umfeld. Dabei weist ein Prozess die folgenden Merkmale auf:

- Erreichung eines zuvor definierten Ziels;

- logische und zeitliche Abfolge der Aktivitäten nacheinander;
- definiertes Start- und Endereignis;
- mindestens eine Quelle für den definierten Input;
- Weitergabe des Outputs an mindestens einen Empfänger;
- Transformation des Inputs zu einem Ergebnis durch die Aktivitäten sowie
- Verbrauch von Ressourcen für die Leistungserbringung.

Prozesse können dabei in Führungs-, Leistungs- und Unterstützungsprozesse unterteilt werden. Führungsprozesse dienen der Ausrichtung, Steuerung und Gestaltung einer Organisation. Die Leistungsprozesse sind für die Erfüllung der Kundenanforderungen verantwortlich und werden häufig auch als Kernprozesse bezeichnet. Unterstützende Prozesse gewährleisten die erfolgreiche Durchführung von Führungs- und Leistungsprozessen und sind für die Bereitstellung von benötigter Infrastruktur verantwortlich. Die verschiedenen Arten von Prozessen werden häufig in einer Prozesslandkarte dargestellt, die ein gesamtes Unternehmen aus der Prozesssicht abbildet (Brugger-Gebhardt, 2014, S. 9 ff.). In Abb. 3.1 werden die unterschiedlichen Arten von Prozessen in einer Prozesslandkarte gezeigt.

Damit Unternehmen dem Wandel der Wirtschaft gerecht werden und regulatorische Anforderungen optimal umsetzen können, bedarf es der Prozessorientierung, um das Unternehmen ganzheitlich betrachten zu können. Durch die Abkehr von einer abteilungsorientierten Ausrichtung kann eine leistungsorientierte Ausrichtung der Prozesse ermöglicht werden.

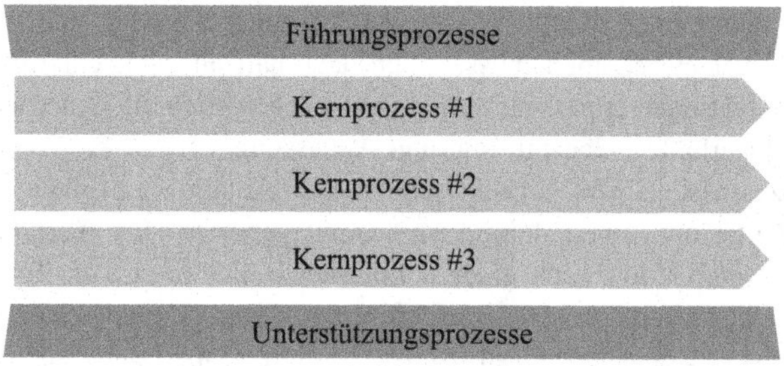

Abb. 3.1 Prozesslandkarte

3.2 Wie in einem Unternehmen entschieden wird

Eine weitere relevante Dimension des Ökosystems eines Unternehmens beinhaltet die Governance-Strukturen. Jedes Unternehmen weist solche individuellen Strukturen der Corporate Governance auf. Wesentliche Komponenten der Corporate Governance sind Führung und Überwachung, die eng miteinander verbunden sind (Freidank, 2019, S. 10).

Im Zuge von Corporate Governance werden relevante Regeln, Verfahren oder Gesetze definiert und ermittelt, nach denen der Betrieb und die Führung eines Unternehmens erfolgen. Dabei werden sowohl interne als auch externe Einflussfaktoren berücksichtigt. Die Grundsätze der Governance-Strukturen können in zwei Formen unterteilt werden. Zum einen gibt es bindende Vorgaben, zum Beispiel Normen, Gesetze oder Standards, an die sich ein Unternehmen halten muss. Zum anderen gibt es individuelle Vorgaben, die vom Unternehmen zu bestimmen sind, zum Beispiel Absichtserklärungen oder Weisungen. Darüber hinaus müssen zur Kontrolle und Einhaltung dieser Vorgaben entsprechende Richtlinien und Regelwerke erarbeitet und umgesetzt werden. Interne Kontrollsysteme und die interne Revision unterstützen und gewährleisten die Einhaltung der Corporate-Governance-Grundsätze eines Unternehmens (Siriu, 2021).

Der Aufbau von Governance-Strukturen ist je nach Unternehmen sehr unterschiedlich und individuell. Aus diesem Grund werden im Folgenden vier unterschiedliche Aspekte dargestellt, die eine starke Wechselwirkung untereinander aufweisen und grundsätzlich unerlässlich für funktionierende Governance-Strukturen sind. Abb. 3.2 stellt die unterschiedlichen Aspekte dar.

Führung und Organisation stellen den ersten Aspekt dar, durch den Strukturen und Gremien für das Unternehmen definiert werden. Die Führung der Organisation erfolgt dabei nach definierten Führungskriterien, die auf den Werten des jeweiligen Unternehmens basieren. Organisatorisch werden durch diesen

Abb. 3.2 Bausteine der Governance-Strukturen. (Quelle: in Anlehnung an Horváth, 2022, S. 25)

Aspekt Strukturen geschaffen und ein Zustand im Zuge des Gestaltungsprozesses wird hergestellt. Dieser Zustand ermöglicht Transparenz, Berechenbarkeit und Kontinuität in einem Unternehmen. Dabei kann zwischen der Aufbauorganisation und der Ablauforganisation unterschieden werden. Die Aufbauorganisation legt dabei die Bereiche und Abteilungen fest. Im Gegensatz dazu beschreibt die Ablauforganisation die definierten Prozessabläufe.

Ein weiterer Aspekt der Governance-Strukturen besteht aus der Überwachung und der Steuerung. Unter diesem Aspekt wird ein kontinuierliches Vorgehen verstanden, das einen Ist-Soll-Abgleich von verschiedenen Unternehmensparametern durchführt. Sollte es zu einer Abweichung kommen, können gezielt Optimierungsmaßnahmen eingeleitet werden. Dieses Vorgehen dient zur Überwachung der Erreichung von Unternehmenszielen und gilt als Steuerungsinstrument, sollte es zu Abweichungen kommen.

Ein weiterer Teil der Governance-Strukturen in Unternehmen betrifft die internen Kontrollen. Sie umfassen alle Kontrollmaßnahmen, um die Einhaltung der Richtlinien und Regeln in einem Unternehmen zu gewährleisten. Hierzu dienen interne Audits, die durch eine interne Revision durchgeführt werden. Des Weiteren sollte die Einhaltung der Regeln und Richtlinien fester Bestandteil der Prozessabläufe sein. Die interne Kontrolle kann dabei in drei Stufen unterteilt werden:

- Stufe 1: Kontrolle im Zuge der operativen Prozessarbeit
- Stufe 2: Prozessübergreifende Kontrolle durch den Auftraggeber
- Stufe 3: Prozessunabhängige Kontrolle durch die interne Revision

Das Risikomanagement gilt ebenfalls als ein wichtiger Bestandteil von Governance-Strukturen. Dies darf jedoch nicht isoliert betrachtet werden, sondern bezieht sich auf die gesamte Unternehmensstruktur. Mithilfe des Risikomanagements sollen Risiken erkannt, analysiert, bewertet und überwacht werden. Der Aufbau eines Risikomanagements sollte systematisch erfolgen und dient zur Sicherstellung der Interessen eines Unternehmens. (Horváth, 2022).

3.3   IT-Technologie in Unternehmen

Eine weitere Dimension des Ökosystems sind IT-Systeme von Unternehmen, die weiter in den Fokus der täglichen Leistungserbringung rücken und die Grundlage für effiziente Prozesse und Arbeitsabläufe sind.

IT-Systeme sind Teil der Digitalisierung und digitalen Transformation von Unternehmen. Diese Megatrends stellen Unternehmen bis heute vor Herausforderungen. Durch den Einsatz von IT-Systemen soll eine Basis für die Digitalisierung geschaffen werden (Jacob, 2019, S. 4).

Die Ausgestaltung der IT ist maßgeblich von der Unternehmensarchitektur abhängig. Die Bestimmung der benötigten IT-Strukturen kann sowohl aus betriebswirtschaftlichen als auch aus Anforderungen aus der Unternehmensplanung resultieren. Dabei finden die Organisationsstruktur sowie die Aufbau- und Ablauforganisation ebenfalls Berücksichtigung bei der Ausgestaltung der IT-Architektur. Diese kann in die Teilgebiete IT-gestützte Prozesse, Anwendungsarchitektur, Datenarchitektur und IT-Infrastruktur unterteilt werden (Mehler-Bicher et al., 2019, S. 7 f.). Das Zusammenspiel von Unternehmensarchitektur und IT-Architektur wird in Abb. 3.3 dargestellt.

Durch die kontinuierliche Weiterentwicklung in der Informationstechnik rücken IT-Systemarchitekturen weiter in den Fokus. Aus Sicht der Architektur werden IT-Systeme durch unterschiedliche Schichten von Hardware, IT-Infrastruktur, Datenbanksystemen und Anwendungen aufgebaut. Dabei sollen die IT-Systeme eine unterstützende Rolle für Aufgaben im Unternehmen einnehmen (Mehler-Bicher et al., 2019, S. 77 f.).

Die verschiedenen Schichten eines IT-Systems werden in Abb. 3.4 dargestellt.

Abb. 3.3 Architektur eines Unternehmens. (Quelle: in Anlehnung an Mehler-Bicher et al., 2019, S. 8)

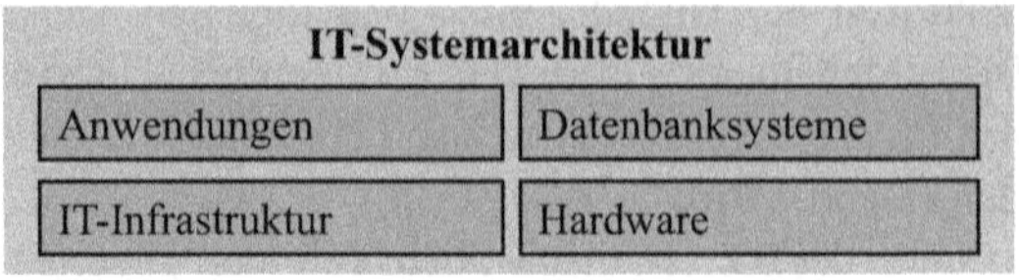

Abb. 3.4 IT-Systemarchitektur in einem Unternehmen. (Quelle: in Anlehnung an Mehler-Bicher et al., 2019, S. 78)

Ergebnisse der Experteninterviews

4

In diesem Kapitel erläutern wir unser Vorgehen näher und erklären, wie wir zu unseren Ergebnissen gekommen sind. Des Weiteren fassen wir die wichtigsten Elemente unserer Experteninterviews zusammen und stellen sie strukturiert dar.

4.1 Durchführung und Auswertung der Experteninterviews

Im Zuge dieses *essentials* haben wir uns für die Durchführung von Experteninterviews entschieden. Bei den Experten handelt es sich um Personen aus unterschiedlichen Branchen mit unterschiedlichen Hintergründen, zum Beispiel Projektmanager, Unternehmensberater, KI-Entwickler und Juristen. Anschließend wurden die Inhalte der Interviews zusammengefasst und anhand von verschiedenen Kategorien strukturiert.

Kategorien

- Welche Branchen und Unternehmen sind betroffen?
- Wie sind Unternehmen allgemein betroffen?
- Wie können sich Unternehmensprozesse ändern?
- Wie können sich Unternehmensstrukturen ändern?
- Wie können sich Systeme in Unternehmen ändern?
- Wie können Unternehmen das Risikomanagement anpassen?
- Wie können Unternehmen das Wissensmanagement angehen?
- Welche Vorteile hat der KI-Act für Unternehmen?
- Welche Nachteile hat der KI-Act für Unternehmen?

© Der/die Autor(en), exklusiv lizenziert an Springer Fachmedien Wiesbaden GmbH, ein Teil von Springer Nature 2023
M. H. Dahm und N. Twesten, *Der Artificial Intelligence Act als neuer Maßstab für künstliche Intelligenz*, essentials,
https://doi.org/10.1007/978-3-658-42132-8_4

4.2   Strukturierung der Ergebnisse

In diesem Abschnitt werden die Ergebnisse zu den jeweiligen Kategorien näher beschrieben. Die Kategorien dienen der Verdeutlichung möglicher Auswirkungen und als Grundlage für die im weiteren Verlauf formulierten Handlungsempfehlungen für Unternehmen.

Welche Branchen und Unternehmen sind betroffen?

In der ersten Kategorie, die erarbeitet wurde, konnte eine sehr starke Übereinstimmung der Aussagen von den Experten festgestellt werden. Die Befragten konnten keinen eindeutigen Bezug zu einer spezifischen Branche herstellen, mit der Begründung, dass das Thema KI und die damit einhergehende Regulierung durch den KI-Act anwendungsbezogen und nahezu in jeder Branche möglich sind. Dennoch wurde die Einschränkung durch die Befragten vorgenommen, dass Unternehmen vom KI-Act betroffen sind, sofern sie KI anbieten oder nutzen. Dabei ist es irrelevant, wie groß ein Unternehmen ist oder wie viele KI-Systeme eingesetzt werden. Des Weiteren sehen die Befragten die Möglichkeit eines neuen Geschäftsfelds für Zertifizierungsunternehmen, die eine Überprüfung der Anforderungen anbieten könnten.

Wie sind Unternehmen allgemein betroffen?

In der zweiten Kategorie werden die allgemeinen Auswirkungen auf Unternehmen zusammenfassend dargestellt. Als allgemeine Auswirkung auf Unternehmen haben die Befragten hohe Kosten für die Einführung oder die Nichteinhaltung des KI-Acts angegeben. Diese resultieren aus den benötigten Ressourcen für den KI-Act oder aus möglichen Rückstellungen, die ähnlich wie bei der DSGVO gebildet werden müssen.

Des Weiteren werden sich Unklarheiten und Unsicherheiten für Unternehmen durch den KI-Act ergeben, da die eindeutige Rechtsprechung und die Auslegung durch Behörden und Gerichte eine gewisse Zeit in Anspruch nehmen werden.

Die Befragten sehen grundsätzlich jeden Unternehmensbereich, in dem KI eingesetzt wird, durch den KI-Act betroffen. Aus diesem Grund sehen die Befragten Unternehmen in der Verantwortung, die durch den KI-Act betroffenen Unternehmensbereiche zu identifizieren.

Außerdem müssen die Auswirkungen für Produkte, relevante Märkte und Wettbewerber definiert werden, um beispielsweise Unternehmensrichtlinien anzupassen. Die Experten sehen hier ebenfalls Ähnlichkeiten zur DSGVO. Ein weiterer Punkt, den die Befragten im Zuge der Auswirkungen benannt haben, betrifft die Nachvollziehbarkeit und die Dokumentation von Entscheidungen eines KI-Systems.

Wie können sich Unternehmensprozesse ändern?
Die dritte Kategorie umfasst die Auswirkungen auf Unternehmensprozesse. Diese repräsentieren im Zuge der Ausarbeitung eine der drei Dimensionen. Durch die Auswirkungen des KI-Acts auf Unternehmensprozesse sehen die Befragten den Ansatz „Compliance by Design" als sehr wichtig an. Die Experten erachten diesen Ansatz als wichtig und notwendig, um frühzeitig in der Design-Phase eines Prozesses oder Produktes die relevanten Anforderungen aus Compliance-Sicht, zum Beispiel der des KI-Acts, zu berücksichtigen.

Des Weiteren sind die Befragten der Meinung, dass die Entwicklungsprozesse von Unternehmen betroffen sind. Diese müssen hinsichtlich der Risikobetrachtung überarbeitet werden. Hierzu zählt zum Beispiel die Risikoanalyse im Produktentstehungsprozess. Die Unternehmen werden durch die Regulierung zur Entwicklung von effizienten Prozessen gezwungen.

Weiterhin müssen aus Sicht der Experten marktrelevante Themen in den Entwicklungsprozessen berücksichtigt werden. Die Befragten gehen, wie bereits in den allgemeinen Auswirkungen beschrieben, davon aus, dass verschiedene Unternehmensbereiche vom KI-Act betroffen sein werden. Die Experten unterstreichen deshalb in den Interviews die Wichtigkeit, die Auswirkungen auf die entsprechenden Prozesse im Unternehmen und den entsprechenden Bereichen zu analysieren. Beispielsweise müssen die Einkaufsprozesse von externer KI-Software umgestellt werden, da die KI zertifiziert sein muss oder eine Konformitätsprüfung vorliegen muss. Daraus resultiert, dass sich die Ausschreibungen verändern werden.

Außerdem gilt es, aus Sicht der Experten, einen kontinuierlichen und iterativen Prozess zu implementieren, der die Aktualisierung eines KI-Systems überwacht und kontrolliert.

Wie können sich Unternehmensstrukturen ändern?
In der vierten Kategorie werden die Auswirkungen auf die Unternehmensstrukturen dargestellt. Bei den Unternehmensstrukturen handelt es sich um die zweite Dimension, die im Zuge dieser Erarbeitung betrachtet wird. Die Befragten sehen sowohl die IT-Strukturen als auch die Governance-Strukturen eines Unternehmens vom KI-Act betroffen. Aus Sicht der Experten gilt es, einen Compliance-Bereich aufzubauen, der eine ganzheitliche Betrachtung des Regulierungsmarktes und der Unternehmensstrukturen hat. Dadurch können die verschiedenen Compliance-Anforderungen optimal in der Governance-Struktur eines Unternehmens verortet werden.

Darüber hinaus gilt es, die Expertise und Erfahrungen aus der Umsetzung von Compliance-Vorhaben, zum Beispiel der DSGVO, zu nutzen und weiter auszubauen. Daraus resultiert die Aussage der Befragten, dass eine neue Rolle und eine neue Organisationseinheit für KI im Unternehmen geschaffen werden müssen. Diese sollten für die Umsetzung und Einhaltung des KI-Acts verantwortlich sein und entsprechende Maßnahmen einleiten. Hierzu können, laut Auffassung der interviewten Experten, die Datenschutzstrukturen im Unternehmen genutzt beziehungsweise erweitert werden. Dadurch soll eine Art Bindeglied zwischen den Organisationseinheiten im Unternehmen geschaffen werden. Analog zum Datenschutzbeauftragten für personenbezogene Daten könnte dafür die Rolle des KI-Beauftragten geschaffen werden.

Wie können sich Systeme in Unternehmen ändern?

Die fünfte Kategorie, die erarbeitet wurde, stellt die Auswirkungen auf die Systeme in einem Unternehmen dar. Grundsätzlich gilt es aus Sicht der befragten Experten, die Auswirkungen durch den KI-Act auf die System- und IT-Landschaft im Unternehmen zu definieren und zu bewerten. Insbesondere die Datenmanagementsysteme sind stark durch die Regulierung betroffen, sollte eine KI über einen Zugriff verfügen.

Nach Meinung der Experten bedarf es verschiedener Kontrollmechanismen, um die Entscheidungen und die Nachvollziehbarkeit in der Systemlandschaft zu gewährleisten. Dies gilt insbesondere dann, wenn eine KI in einem System verschiedene Ergebnisse überschreiben darf. Die Daten, die systemseitig benötigt und verarbeitet werden, gilt es zu analysieren und den Qualitätskriterien des KI-Acts anzupassen. Dabei kann sowohl mit personenbezogenen, pseudonymisierten als auch mit anonymisierten Daten gearbeitet werden.

Des Weiteren sehen die Experten den KI-Act als Unterstützung für das Datenbewusstsein und die Datenstrategie in Unternehmen. Ein weiterer Punkt, den die befragten Experten ansprechen, ist die Digitalisierung. Der KI-Act kann durch die Vorgaben und Pflichten als Treiber der Digitalisierung in Unternehmen dienen. Dies kann laut den Experten dazu führen, dass der KI-Act genutzt wird, um die IT-Landschaft umzustellen und einen Digitalisierungsschub auszulösen. Dadurch könnte die Industrie 4.0/5.0 unter Berücksichtigung aller regulatorischen Anforderungen im Unternehmen realisiert werden.

Wie können Unternehmen das Risikomanagement anpassen?

In der sechsten Kategorie wird das benötigte Risikomanagement in Unternehmen beschrieben. Die Antworten der Experten weisen eine hohe Übereinstimmung zu diesem Thema auf. Alle Unternehmen müssen eine Bewertung der für sie relevanten KI-Systeme durchführen und im Zuge des risikobasierten Ansatzes des KI-Acts in eine der vier Risikoklassen einstufen. Aus Sicht der Befragten stellt dies eine wesentliche Aufgabe für Unternehmen dar.

Die Experten stimmen darin überein, dass ein Risikomanagementsystem im Unternehmen benötigt wird. Dieses Risikomanagementsystem kann in ein bestehendes Risikomanagementsystem integriert und um die Risiken durch KI erweitert werden. Als wichtigen Bestandteil des Risikomanagementsystems sehen die befragten Experten die regelmäßige Durchführung von Risikoanalysen und -bewertungen sowie eine Kategorisierung an.

Dadurch ergibt sich für Unternehmen ein Steuerungselement, um die Entwicklung von risikoreichen und risikoarmen KI-Systemen zu kontrollieren. Weiter erachten die Experten die Erklärbarkeit von KI-Systemen nach wie vor als sehr wichtig, da mithilfe der Erklärbarkeit unterschiedliche Maßnahmen zur Risikominimierung erarbeitet werden können.

Wie können Unternehmen das Wissensmanagement angehen?

In der siebten Kategorie, die erarbeitet wurde, werden Aussagen zum Wissensmanagement in Unternehmen zusammenfassend dargestellt. Die Experten sehen es als wichtig an, dass spezifisches Know-how zu den Themen maschinelles Lernen und künstliche Intelligenz in den Unternehmen aufgebaut wird. Dies sollte laut den Experten sowohl in den Innovationsbereichen als auch in den Compliance-Bereichen erfolgen. Dies gilt insbesondere auch für die Fachabteilungen, in denen die KI-Systeme letztendlich eingesetzt und benutzt werden.

Darüber hinaus muss sichergestellt werden, dass Kompetenzen aufgebaut werden, um den Compliance-Abteilungen die technischen Inhalte in einfacher Sprache zu vermitteln. Dies hat den Hintergrund, dass ohne umfassendes Fachwissen zur Funktion des jeweiligen KI-Systems keine Bewertung erfolgen kann.

Ein weiterer Teil des Wissensmanagements in Unternehmen wird laut den befragten Experten der Aufbau von Know-how zur KI-Regulierung sein. Für die operative Umsetzung der Anforderungen aus dem KI-Act ist es maßgeblich entscheidend, dass die Fachabteilungen und Entwicklungsbereiche die spezifischen Vorgaben aus dem KI-Act kennen und verstehen. Hier sollten die Fachabteilungen aktiv unterstützt werden, um die Gesetzgebung sowie die damit verbundenen Auswirkungen zu verstehen und damit Dokumente oder Dienste entwickelt werden, die eine Konformität zur Regulatorik gewährleisten können. Laut den Befragten könnte es für Unternehmen sinnvoll sein, sich Beratung durch Experten in diesem Kontext einzukaufen.

Welche Vorteile hat der KI-Act für Unternehmen?

Die achte Kategorie, die erarbeitet wurde, besteht aus den Vorteilen durch den KI-Act für Unternehmen, diese werden in der Kategorie zusammenfassend dargestellt. Die Experten sehen die Erklärbarkeit und Nachvollziehbarkeit von Entscheidungen und Funktionsweisen von KI-Systemen als Wettbewerbsvorteil an. Darunter fällt zum Beispiel, dass die Unternehmen mit der Einhaltung der Anforderungen aus dem KI-Act dieser Erklärbarkeit und Nachvollziehbarkeit nachkommen. Des Weiteren kann diese Transparenz dazu dienen, die Auswirkungen, die eine KI auf Personen oder Unternehmen hat, ausreichend zu bewerten.

Ein weiterer Vorteil wird in den einheitlichen Regeln und Standards gesehen, die mit dem KI-Act einhergehen. Dadurch wird eindeutig bestimmt, welche Anforderungen ein KI-System erfüllen muss und unter welchen Rahmenbedingungen dieses System eingesetzt wird. Des Weiteren sensibilisiert der KI-Act für die Begrifflichkeiten von künstlicher Intelligenz, die oft als Schlagwort und Trendbegriff in Unternehmen verwendet werden.

Die Experten sehen einen weiteren Vorteil im KI-Act im Zuge der Sicherheit von KI-Systemen. Durch die Überarbeitung und Neuausgestaltung von Entwicklungsprozessen kann die Sicherheit laut den Experten erhöht werden. Durch die Anforderungen des KI-Acts hinsichtlich der Robustheit wird die Sicherheit von KI-Systemen ein fester Bestandteil in der Entwicklung. Dennoch sehen die Befragten keine absolute Sicherheit im Kontext von KI, trotzdem ist es ein Vorteil, dass der KI-Act das Thema berücksichtigt.

Die befragten Experten geben an, dass Unternehmen durch den KI-Act mehr Transparenz über Prozesse, Strukturen, Systeme und Risiken im Unternehmen erhalten. Hier wird zum Beispiel von den Experten auf die Ausgestaltung von IT-Strukturen verwiesen. Durch den KI-Act und die damit einhergehende Transparenz kann eine unstrukturierte Ausgestaltung der IT-Landschaft verhindert beziehungsweise korrigiert werden.

Ein weiterer Aspekt der Befragten in diesem Zusammenhang ist, dass die Transparenz über die Vorgänge in einem Unternehmen die Grundlage für das Risikomanagement darstellt. Die Datenstrukturen und die Daten-Governance ermöglichen es dadurch, eine ganzheitliche Risikoeinschätzung für ein KI-System vorzunehmen.

Abschließend verweisen die Experten auf den Aspekt des Vertrauens. Durch den KI-Act und die damit verbundene Rechtskontrolle von KI-Systemen kann Vertrauen in diese Systeme aufgebaut werden. Dies kann laut den Experten ebenfalls als ein Wettbewerbsvorteil durch Unternehmen genutzt werden. Durch diese Rechtskontrolle und die damit verbundenen Richtlinien und Anforderungen kann eine initiale Vertrauensbasis hergestellt werden. Hier verweisen die Befragten auf Untersuchungen, dass Kunden/Nutzer von Online-Services eher bereit sind, diese zu nutzen, wenn sie diesen vertrauen und verstehen, wie ihre Daten verarbeitet werden. Die Experten sehen eine große Chance für Unternehmen, eine europäische vertrauenswürdige und erklärbare KI auf Basis des KI-Acts zu erschaffen.

Welche Nachteile hat der KI-Act für Unternehmen?
Die neunte Kategorie umfasst die Nachteile durch den KI-Act für Unternehmen. Nach Angaben der Experten wird der KI-Act gewisse Nachteile für Unternehmen mit sich bringen. Darunter fällt die Tatsache, dass es zu Einschränkungen und Aufwänden durch den KI-Act für Unternehmen kommt, die KI entwickeln oder nutzen. Dazu zählt laut den Experten zum Beispiel das Zusammenspiel aus DSGVO und KI-Act, das eine Einschränkung für die zu benutzenden Daten darstellt. Das Spektrum der nutzbaren Datensätze wird nach der DSGVO mit dem KI-Act weiter reguliert und eingeschränkt.

Die zunehmende Komplexität durch den KI-Act wird von den Experten als ein weiterer Nachteil angesehen. Hier sehen die Experten das Risiko eines sogenannten Enterprise-Privilege,s das Großkonzernen vorbehalten ist, da diese über ausreichend Ressourcen und finanzielle Mitteln verfügen, um die Umsetzung durchführen zu können.

Des Weiteren sehen die Experten die Gefahr, dass es durch den KI-Act zu einer Überregulierung im Bereich von KI kommen könnte und Innovationen gehemmt werden. Verbunden hiermit ist die Einschränkung der Innovationskraft, die durch den KI-Act kommen kann. Der KI-Act mit seinem Pflichtenkatalog könnte eine abschreckende Wirkung auf Unternehmen haben. Hier wird auf Start-ups verwiesen, die zwar eine KI entwickeln können, aber, um die Marktfähigkeit zu erhalten, der Erfüllung der Anforderungen des KI-Acts bedürfen, was laut Aussagen der Experten zu großen Aufwänden führt.

Diese innovationshemmende Wirkung durch den KI-Act kann ebenfalls eintreten, sollte der Anwendungsbereich des KI-Acts zu weit gefasst und sollte keine präzise Definition von KI in den Gesetzestext aufgenommen werden.

Bedeutung des KI-Acts für Unternehmen

5

Welche Chancen hat der KI-Act für Unternehmen?

In diesem Kapitel werden die bestehenden Chancen durch den KI-Act der Europäischen Union für Unternehmen dargestellt. In erster Linie dient der KI-Act den Bürgern und dem Schutz ihrer Grundrechte. Dabei bietet der KI-Act die Chance, eine vertrauenswürdige und nachvollziehbare Datenverarbeitung durch KI-Systeme zu ermöglichen. Diese soll durch die verschiedenen Anforderungen und Pflichten der Anbieter und Nutzer von KI gewährleistet werden. Diese Chance könnte genutzt werden, um eine neue Art von Qualitätsstandard zu ermöglichen, zum Beispiel „KI made in Europe". Mit dieser Kennzeichnung könnte in Zukunft vertrauenswürdige und nachvollziehbare KI verbunden werden, die die Konformität des KI-Acts erfüllt. Eine weitere bedeutende Chance des KI-Acts ist der Aspekt der Ganzheitlichkeit. Der KI-Act führt dazu, dass in Europa eingesetzte KI klaren Regeln und Vorgaben unterworfen ist. Diese gelten sowohl für die Entwicklung als auch für den Betrieb. Somit wird dem Kritikpunkt einer oft undurchsichtigen KI entgegengewirkt. Durch die Ganzheitlichkeit und die klaren Regeln ist es für Außenstehende leichter ersichtlich, auf wen oder was das KI-System Einfluss nimmt. Darauf aufbauend ergibt sich durch den KI-Act eine weitere Chance im Kontext der Kontrolle. Durch eine Regulierung mit einheitlichen Regeln, Standards und Verboten bleibt die Kontrolle über ein KI-System in menschlicher Hand.

Die bereits angesprochenen Regeln, Standards und Verbote des KI-Acts bilden somit ein einheitliches Regelwerk für KI-Systeme, die in Europa eingesetzt werden sollen. Dadurch kann ebenfalls das Vertrauen der Verbraucher gesteigert werden. Somit wird eine Gleichberechtigung aus rechtlicher Perspektive für Unternehmen geschaffen, um KI einzusetzen oder zu entwickeln. Durch das Verbot von gewissen Systemen oder Praktiken, die nicht mit den Grundrechten vereinbar sind, werden die Werte einer freiheitlichen und demokratischen Gesellschaft gestärkt. Hierbei

M. H. Dahm und N. Twesten, *Der Artificial Intelligence Act als neuer Maßstab für künstliche Intelligenz*, essentials, https://doi.org/10.1007/978-3-658-42132-8_5

bietet der KI-Act die Chance, diese Grundrechte und die Demokratie in Europa zu schützen. Des Weiteren bietet der KI-Act die Chance, das Thema KI der Bevölkerung und den Unternehmen näherzubringen. Durch den KI-Act können Diskussionen über die Möglichkeiten und Wirkweisen von KI entstehen. Dies könnte dazu führen, dass eine mögliche Weiterentwicklung in diesem Themenfeld erfolgt und aktiv von Unternehmen verfolgt wird. Dadurch würden sich weitere Einsatzmöglichkeiten und Vorteile durch KI ergeben.

Des Weiteren kann von einer Sensibilisierung durch den KI-Act gesprochen werden, was ebenfalls als Chance zu werten ist. Dabei führt eine bewusste Auseinandersetzung mit KI und den Anwendungsmöglichkeiten in einem Unternehmen zwangsläufig dazu, dass die Transparenz im Unternehmen in verschiedenen Dimensionen erhöht wird. Dies könnte beispielsweise in den Unternehmensprozessen, Governance-Strukturen oder Systemen erfolgen. Durch diese Transparenz wird es für Unternehmen möglich sein, die einzelnen Dimensionen weiterzuentwickeln und gegebenenfalls die Performance zu erhöhen.

Ein besonderes Augenmerk liegt auf der Chance, dass der KI-Act als Faktor für das Fortschreiten der Digitalisierung in Unternehmen genutzt werden kann. Durch die bereits beschriebene Transparenz von Systemen kann es Unternehmen gelingen, die eigenen IT-Strukturen und IT-Landschaften zu hinterfragen und weiterzuentwickeln. Es bestehen ebenfalls Chancen für europäische Unternehmen, die bereits zum Ansatz „responsible AI" forschen oder diese einsetzen. Dadurch können Wettbewerbsvorteile gegenüber Unternehmen entstehen, welche die Grundrechte bisher nicht in der KI-Anwendung und -Entwicklung berücksichtigen. Hier nimmt der KI-Act, wie bereits in den Grundlagen beschrieben, eine weltweite Vorreiterstellung in diesem Themenkomplex ein, ähnlich wie es im Jahr 2018 mit der DSGVO zur Verarbeitung von personenbezogenen Daten der Fall war.

Welche Risiken birgt der KI-Act für Unternehmen?
Ein Risiko könnte darin bestehen, dass Unternehmen mit wenig KI-Erfahrung Schwierigkeiten mit der Umsetzung der Anforderungen und Pflichten des KI-Acts haben. Insbesondere umfangreiche KI-Lösungen in der Hochrisikoklasse könnten für Herausforderungen in Unternehmen sorgen.

Dadurch könnte ein sogenanntes Enterprise-Privilege entstehen. Dies hätte zur Folge, dass nur Großunternehmen, die über viele Ressourcen und Budget verfügen, in der Position sind, den Anforderungen gerecht zu werden. Margenschwache Branchen und kleine Unternehmen könnten gegebenenfalls die Rentabilität der hinterlegten Business-Cases nicht mehr aufrechterhalten. Dadurch besteht das Risiko, dass die Regulierung die wirtschaftlichen Gesichtspunkte vernachlässigen könnte.

Des Weiteren besteht das Risiko hinsichtlich der einheitlichen Einordnung von KI-Systemen in die verschiedenen Risikokategorien. Hier könnte zum einen der Fall eintreten, dass eine Vielzahl der bestehenden Anwendungen in die Hochrisikokategorie fällt und somit ein erheblicher Mehraufwand für das betroffene Unternehmen besteht als bisher angenommen. Zum anderen bietet der KI-Act einen gewissen Interpretationsspielraum hinsichtlich der Ausgestaltung der Definition einer KI, wodurch Graubereiche für Unternehmen entstehen könnten und somit die benötigte Regulierung von KI-Systemen keine Anwendung finden würde.

Außerdem besteht das Risiko einer innovationshemmenden Wirkung auf der Seite von KI-Entwicklern und Anbietern. Die Balance zwischen Regulierung und Innovation kann durch zu starke Einschränkungen ins Ungleichgewicht geraten und Innovationen im Bereich von KI verhindern. Ein ähnliches Risiko besteht in der Gesetzgebung. Es wird versucht, mittels langsamer Regulierungs- und Gesetzgebungsprozesse ein sich kontinuierlich weiterentwickelndes Themenfeld zu regulieren. Dadurch besteht die Gefahr, dass dauerhaft Anpassungen an der Gesetzgebung vorgenommen werden müssen, was zu weiteren Aufwänden und Unsicherheiten auf der Seite von Unternehmen führt. Ebenfalls in diesem Zusammenhang zu berücksichtigen ist, dass durch die Regulierung spezifisches Fachwissen, sowohl zur Regulierung als auch zum KI-System, benötigt wird. Dieses Wissen liegt nicht sofort im Unternehmen vor, sondern muss aufgebaut oder durch die Einstellung von Fachpersonal in diesen Bereichen erschlossen werden. Dies ist wiederum mit Kosten verbunden und im Zuge des bestehenden Fachkräftemangels mit weiteren Herausforderungen und Hindernissen verknüpft. Abschließend besteht durch die Nichteinhaltung das Risiko von Sanktionen oder hohen Bußgeldern von bis zu sechs Prozent des gesamten weltweiten Jahresumsatzes.

Was Unternehmen tun können 6

In diesem Kapitel werden verschiedene Handlungsempfehlungen für Unternehmen aufgezeigt, die vom KI-Act betroffen sein werden. Auf Basis der vorliegenden Inhalte können unterschiedliche Handlungsfelder identifiziert werden. Diese werden im weiteren Verlauf dieses Kapitels beschrieben und sind in Abb. 6.1 dargestellt.

Frühzeitige Auseinandersetzung
Das erste Handlungsfeld ist die frühzeitige Auseinandersetzung mit der Gesetzgebung des KI-Acts. Daraus resultiert die Empfehlung, dass Unternehmen ein Vorgehen entwickeln, um frühzeitig auf Regulierungsvorhaben reagieren zu können. Zu empfehlen ist bereits die Anforderungsanalyse im Entwurfsstadium des KI-Acts, damit eine initiale Einschätzung der Betroffenheit und der daraus resultierenden Auswirkungen abgeleitet werden kann.

Prozessanalyse
Ein weiteres Handlungsfeld im Zuge der Umsetzung des KI-Acts in Unternehmen ist die stringente Prozessanalyse. Es muss die gesamte Prozesslandschaft hinsichtlich der Betroffenheit durch den KI-Act untersucht werden. Sollten Prozesse eines Unternehmens in den Anwendungsbereich des KI-Acts fallen, gilt es, die benötigten Anpassungen vorzunehmen. Hier gilt es, die gesamte Prozesslandschaft und Auswirkungen auf die jeweiligen Schnittstellenprozesse zu berücksichtigen. Darüber hinaus ist zu empfehlen, den Ansatz der „Compliance by Design" in die Entwicklungsprozesse aufzunehmen. Das bedeutet, die relevanten Compliance-Anforderungen in der frühen Entwicklungsphase als festen Bestandteil des Designprozesses von KI-Systemen zu implementieren. Dadurch werden

© Der/die Autor(en), exklusiv lizenziert an Springer Fachmedien Wiesbaden GmbH, ein Teil von Springer Nature 2023
M. H. Dahm und N. Twesten, *Der Artificial Intelligence Act als neuer Maßstab für künstliche Intelligenz*, essentials,
https://doi.org/10.1007/978-3-658-42132-8_6

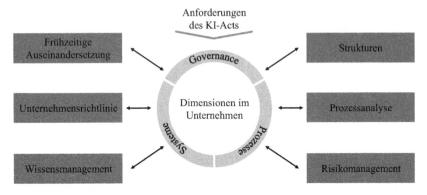

Abb. 6.1 Handlungsfelder für Unternehmen

frühzeitig die rechtlichen Rahmenbedingungen für die Entwicklung definiert und spätere kostenintensive Anpassungen vermieden.

Strukturen
Des Weiteren sind die Governance-Strukturen eines Unternehmens ein weiteres Handlungsfeld. Hier wird empfohlen, für die Umsetzung des KI-Acts und darüber hinaus einen KI-Beauftragten im Unternehmen zu installieren, der die Verantwortung für die Umsetzung und Einhaltung des KI-Acts übernimmt, analog zum Datenschutzbeauftragten oder Qualitätsbeauftragten. Dies hat den Hintergrund, dass KI eine aufstrebende Technologie ist, die immer weiter in Unternehmen vordringt. Hier gilt es, der Technologie und Nutzung im Unternehmen einen besonderen Stellenwert zuzuschreiben. Des Weiteren wird empfohlen, Strukturen aufzubauen, die es ermöglichen, dass eine frühzeitige Bewertung der Compliance-Anforderungen erfolgen kann, und diese im Sinne des „Compliance by Design"-Ansatzes in der Produktentwicklung zu berücksichtigen. Darüber hinaus sollten durch das interne Kontrollsystem die KI und der KI-Act bei internen Audits berücksichtigt werden.

Risikomanagement
Ein weiteres Handlungsfeld besteht im Risikomanagement von Unternehmen, das ebenfalls einen Aspekt der Governance in Unternehmen darstellt. Das Risikomanagement zum KI-Act ist dabei in zwei Bereiche zu unterteilen. Zum einen müssen die Risiken für das Unternehmen und dessen Ökosystem identifiziert, analysiert und bewertet werden. Zum anderen gilt es, den risikobasierten Ansatz des KI-Acts im Unternehmen zu berücksichtigen. Es gilt, die Risiken, die von einem KI-System

ausgehen, zu identifizieren, zu analysieren und zu bewerten. Anschließend erfolgt eine Zuordnung zur betreffenden Risikokategorie des KI-Acts. Hier wird empfohlen, die Risikoanalyse für das Ökosystem und die KI-Systeme vollumfänglich durchzuführen. Darüber hinaus sollte ein kontinuierlicher Aktualisierungsprozess implementiert werden, damit auf Risiken mit entsprechenden Maßnahmen reagiert werden kann.

Wissensmanagement

Eine weitere Empfehlung ist der Aufbau eines Wissensmanagements, das das Thema KI und KI-Act im Unternehmen beinhaltet. Durch ein ganzheitliches Wissensmanagement kann gezielt der Bedarf an Wissen identifiziert und aufgebaut werden. Der Aufbau von Wissen im Kontext von KI und KI-Act ist notwendig, um die Wirkprinzipien von KI und die Auswirkungen durch den KI-Act auf das Unternehmen zu verstehen. Nur wenn die Mitarbeiter eines Unternehmens ein Verständnis für diese Themenbereiche entwickeln, können gezielt Maßnahmen definiert werden, die zur gesetzeskonformen Umsetzung des KI-Acts beitragen. Aus diesem Grund wird empfohlen, die Mitarbeiter zur künstlichen Intelligenz und zum KI-Act aus allen Bereichen des Unternehmens zu schulen. Eine Zusammenarbeit mit Bildungsinstituten, Universitäten oder anderen Unternehmen kann hilfreich sein. Eine weitere Empfehlung ist, das Recruiting von Fachexperten und jungen Talenten in diesem Bereich auszuweiten und mit Anreizen zu versehen. Durch neue Fachexperten kann ebenfalls ein Wissenstransfer in ein Unternehmen stattfinden.

Unternehmensrichtlinie

Damit in einem Unternehmen die Umsetzung des KI-Acts erfolgen kann, ist es zu empfehlen, eine Unternehmensrichtlinie zu entwickeln, die beschreibt, welchen Stellenwert KI im Unternehmen hat und wie mit ihr umgegangen werden soll. Dabei sollten ebenfalls die ethischen Grundsätze geklärt werden. Die aufgezeigten Handlungsfelder und Empfehlungen sollten angewendet und dauerhaft berücksichtigt werden. Die daraus resultierenden Maßnahmen sollten umgesetzt und auf die Wirksamkeit hin kontrolliert werden, um die erfolgreiche Umsetzung des KI-Acts zu gewährleisten. Des Weiteren können die Maßnahmen zur Reduzierung des Spannungsfelds zwischen der Regulatorik und dem Ökosystem eines Unternehmens beitragen.

Fazit und Ausblick

KI kann grundsätzlich branchenübergreifend eingesetzt werden und somit kann kein eindeutiger Bezug zu einer Branche hergestellt werden kann, die besonders durch den KI-Act betroffen sein wird. Eine weitere Erkenntnis ist, dass mit Auswirkungen auf Unternehmensprozesse, Unternehmensstrukturen und Systeme zu rechnen ist. Es kann davon ausgegangen werden, dass verschiedene Unternehmensprozesse auf Basis des KI-Acts angepasst werden müssen, um die Anforderungen zu erfüllen. Dies unterstreichen auch die Aussagen der befragten Experten. Auswirkungen werden im Einkauf von KI-Software ersichtlich, hier muss gewährleistet werden, dass sie den Anforderungen des KI-Acts entspricht. Ein weiteres Ergebnis dieses *essentials* ist, dass Strukturen im Unternehmen geschaffen werden müssen, die die Einführung des KI-Acts sicherstellen und die Verantwortung für den Umgang mit KI im Unternehmen übernehmen. Weiterhin kommt es zu Einflüssen auf die Systemlandschaft eines Unternehmens, die es zu analysieren gilt. Bei Bedarf muss die Systemlandschaft entsprechend angepasst werden. Darüber hinaus wird das Risikomanagement einen höheren Stellenwert in Unternehmen einnehmen. Gleiches gilt für das Wissensmanagement; die Organisationen sind auf die Weiterentwicklung und den Aufbau von Kompetenzen im Bereich von KI und vom KI-Act angewiesen. Aus den untersuchten Daten ging ebenfalls hervor, dass der KI-Act sowohl Vorteile als auch Nachteile mit sich bringen wird. Hervorzuheben ist hier die Erhöhung der Nachvollziehbarkeit und Erklärbarkeit von KI-Systemen oder die mögliche innovationshemmende Wirkung.

Auf Basis dieser Erkenntnisse wurden sowohl die Chancen als auch die Risiken für Unternehmen aufgezeigt. Hier ist zu betonen, dass einheitliche Regeln und Standards als Chance für einen fairen Wettbewerb angesehen werden. Als Risiko wurde aufgezeigt, dass für die Umsetzung mit hohen Rückstellungen zu

M. H. Dahm und N. Twesten, *Der Artificial Intelligence Act als neuer Maßstab für künstliche Intelligenz*, essentials, https://doi.org/10.1007/978-3-658-42132-8_7

rechnen ist und bei Nichteinhaltung der Vorgaben ein Bußgeld von bis zu sechs Prozent des weltweiten Jahresumsatzes verhängt werden kann.

Es wird daher empfohlen, proaktiv im Entwurfsstadium der Verordnung eine Anforderungsanalyse durchzuführen, um die Auswirkungen auf das Unternehmen beurteilen zu können. Des Weiteren sollte der Ansatz „Compliance by Design" Einzug in die Prozesse eines Unternehmens halten, um regulatorische Anforderungen möglichst frühzeitig zu berücksichtigen. Weiterhin wird empfohlen, eine Unternehmensrichtlinie für den Umgang mit KI zu erarbeiten und die Anforderungen aus dem KI-Act im Rahmen von internen Audits zu berücksichtigen und zu überprüfen. Diese Maßnahmen tragen zu einer Reduzierung des Spannungsfelds zwischen Regulatorik und Unternehmen bei.

Durch die Bearbeitung des Spannungsfelds lassen sich neue Auswirkungen durch den KI-Act auf Unternehmen ermitteln und Handlungsempfehlungen ableiten. Zu beachten ist, dass sich der KI-Act zum Zeitpunkt der Erstellung dieses *essentials* in einem Entwurfsstadium befindet, weshalb es zu Veränderungen hinsichtlich der Anforderungen kommen kann. Es wird sich daher im Verlauf des Gesetzgebungsverfahrens zeigen, welche konkreten Anforderungen der KI-Act mit sich bringen wird und in welchen Anwendungsbereichen diese gelten.

Was Sie aus diesem *essential* mitnehmen können

- Der KI-Act bringt mit dem risikobasierten Ansatz eine Einstufung von KI-Systemen mit sich. Hierbei kann zwischen verbotenen Praktiken, Hochrisiko-KI-Systemen, begrenztem Risiko durch KI-Systeme und minimalem Risiko unterscheiden werden.
- Handlungsfelder zur erfolgreichen Umsetzung des KI-Acts beziehen sich auf die unterschiedlichsten Bereiche in einem Unternehmen.
- Mit proaktiven Ansätzen wie Compliance by Design können Unternehmen frühzeitig Anforderungen analysieren und Auswirkungen beurteilen.
- Unternehmen sollten entsprechende Prozesse, Compliance-Strukturen und IT-Systeme implementieren, um den Anforderungen des KI-Acts gerecht zu werden.

© Der/die Herausgeber bzw. der/die Autor(en), exklusiv lizenziert an Springer Fachmedien Wiesbaden GmbH, ein Teil von Springer Nature 2023
M. H. Dahm und N. Twesten, *Der Artificial Intelligence Act als neuer Maßstab für künstliche Intelligenz*, essentials,
https://doi.org/10.1007/978-3-658-42132-8

Literatur

Abolhassan, F. (2019). 8 Beispiele für Künstliche Intelligenz im Alltag Daten und Algorithmen: Unbemerkt aber hilfreich. https://www.der-bank-blog.de/beispiele-kuenstliche-int elligenz/technologie/37654895/. Zugegriffen: 5. Jan. 2023.

Amazon Autor. (2018). Unsere Geschichte: Was aus einer Garagen-Idee werden kann? https://www.aboutamazon.de/news/ueber-amazon/unsere-geschichte-was-aus-einer-gar agen-idee-werden-kann. Zugegriffen: 2. Nov. 2022.

Ballestrem, J., Bär, U., Gausling, T., Hack, S., & Von Oelffen, S. (2020). *Künstliche Intelligenz. Rechtsgrundlagen und Strategien in der Praxis.* Springer Gabler.

Böhm, M. (2022). Diese Software macht Sie zum KI-Künstler. https://www.spiegel.de/net zwelt/web/stable-diffusion-verstoerend-gute-ki-kunst-und-jeder-kann-mitmischen-a-0bd e407d-c0d5-474a-92fc-de2a99c01774. Zugegriffen: 2. Nov. 2022.

Brugger-Gebhardt, S. (2014). *Die DIN EN ISO 9001 verstehen – Die Norm sicher interpretieren und sinnvoll umsetzen.* Springer Gabler.

Buxmann, P., & Schmidt, H. (2021). Grundlagen der Künstlichen Intelligenz und des Maschinellen Lernens. In P. Buxmann & H. Schmidt (Hrsg.), *Künstliche Intelligenz. Mit Algorithmen zum wirtschaftlichen Erfolg* (2. Aufl., S. 3–22). Springer Gabler.

Europäische Kommission. (2021a). *Anhänge des Vorschlags für eine Verordnung des europäischen Parlaments und des Rates zur Festlegung harmonisierter Vorschriften für künstliche Intelligenz (Gesetz über künstliche Intelligenz) und zur Änderung bestimmter Rechtsakte der Union.* Europäische Kommission.

Europäische Kommission. (2021b). Ein Europa für das digitale Zeitalter: Kommission schlägt neue Vorschriften und Maßnahmen für Exzellenz und Vertrauen im Bereich der künstlichen Intelligenz vor. https://ec.europa.eu/commission/presscorner/detail/de/ip_21_1682. Zugegriffen: 8. Jan. 2023

Europäische Kommission. (2021c). *Verordnung des europäischen Parlaments und des Rates zur Festlegung harmonisierter Vorschriften für künstliche Intelligenz (Gesetz über künstliche Intelligenz) und zur Änderung bestimmter Rechtsakte der Union.* Europäische Kommission.

Europäische Kommission. (o. J.) Künstliche Intelligenz – Exzellenz und Vertrauen. https://ec.europa.eu/info/strategy/priorities-2019-2024/europe-fit-digital-age/excellence-trust-artificial-intelligence_de. Zugegriffen: 14. Nov. 2022.

Europäisches Parlament. (2021). Was ist künstliche Intelligenz und wie wird sie genutzt? https://www.europarl.europa.eu/news/de/headlines/society/20200827STO85804/was-ist-kunstliche-intelligenz-und-wie-wird-sie-genutzt. Zugegriffen: 5. Jan. 2023.

Freidank, C.-C. (2019). *Erfolgreiche Führung und Überwachung von Unternehmen – Konzepte und praktische Anwendungen von Corporate Governance und Reporting.* Springer Gabler.

Grätz, A. (2021). *Künstliche Intelligenz im Urheberrecht – Eine Analyse der Zurechnungskriterien und der Prinzipien der Verwandten Schutzrechte vor dem Hintergrund artifizieller Erzeugnisse.* Springer.

Horváth, P. (2022). *Business Governance – Die Ordnungs- und Handlungsrahmen des Unternehmens.* FUS.

Intel. (2020). Moderne IT-Infrastruktur KI in der Praxis – Anwendungsbeispiele aus dem echten Leben. https://business-services.heise.de/specials/moderne-it-infrastruktur/home/beitrag/ki-in-der-praxis-anwendungsbeispiele-aus-dem-echten-leben-3878. Zugegriffen: 5. Jan. 2023.

Jacob, M. (2019). *Digitalisierung & Nachhaltigkeit – Eine unternehmerische Perspektive.* Springer Vieweg.

Kohn, B., & Schumann, M. (2021). Der „Artificial Intelligence Act" Ein Prestige-projekt der EU unter die Lupe genommen. https://www.taylorwessing.com/de/insights-and-events/insights/2021/05/gesetz-ueber-kuenstliche-intelligenz--ein-prestigeprojekt-der-eu-unter-die-lupe-genommen. Zugegriffen: 8. Jan. 2023.

Krebs, H.-A., & Hagenweiler, P. (2022). *Datenanonymisierung im Kontext von Künstlicher Intelligenz und Big Data.* Springer Vieweg.

Kitzmann, A. (2022). *Künstliche Intelligenz Wie verändert sich unsere Zukunft?* Springer.

Kreutzer, R. T., & Sirrenberg, M. (2019). *Künstliche Intelligenz verstehen. Grundlagen – Use-Cases – unternehmenseigene KI-Journey.* Springer Gabler.

Lohmann, U. (2021). *Architekturen der Verwaltungsdigitalisierung.* Springer Vieweg.

Lorbeer, K. (2021). Langsam entdecken Unternehmen KI. S. 26–27. *Computerwelt* Nr. 08

Mehler-Bicher, A., Mehler, F., Kuntze, N., Kunz, S., Ostheimer, B., Steiger, L., & Weih, H.-P. (2019). *Wirtschaftsinformatik Klipp und Klar.* Springer Gabler.

Pokorni, B., Braun, M., & Knecht, C. (2021). Menschenzentrierte KI-Anwendungen in der Produktion. In W. Bauer, O. Riedel, T. Renner, & M. Peissner (Hrsg.), *Menschenzentrierte KI-Anwendungen in der Produktion.* Fraunhofer-Institut.

Siriu, S. (2021). Definition und Ziel von Corporate Governance. https://www.haufe.de/compliance/management-praxis/corporate-governance/corporate-governance-defintion-und-ziele_230130_479056.html. Zugegriffen: 4. Dez. 2022.

Wennker, P. (2020). *Künstliche Intelligenz in der Praxis, Anwendung in Unternehmen und Branchen: KI wettbewerbs- und zukunftsorientiert einsetzen.* Springer Gabler.

Printed in the United States
by Baker & Taylor Publisher Services